F
3734

DÉPOT LÉGAL
Nord
N° 126
19 1

I0153707

DE L'ENTRAVESTISSEMENT

Étude historique sur les droits du Conjoint survivant dans la Flandre, le Hainaut et l'Artois

PAR

HENRI FASQUEL

DOCTEUR EN DROIT
LAURÉAT DE LA FACULTÉ

LILLE
LE BIGOT FRÈRES, IMPRIMEURS-ÉDITEURS
25, rue Nicolas-Leblanc, 25

1902

DE L'ENTRAVESTISSEMENT

Étude historique sur les droits du Conjoint survivant dans la Flandre, le Hainaut et l'Artois

PAR

HENRI FASQUEL

DOCTEUR EN DROIT
LAURÉAT DE LA FACULTÉ

LILLE
LE BIGOT FRÈRES, IMPRIMEURS-ÉDITEURS
25, rue Nicolas-Leblanc, 25
—
1902

8° F
13734

A MON PÈRE

———

A MA MÈRE

BIBLIOTHÈQUE NATIONALE
R.F.
IMPRIMÉS

INDEX BIBLIOGRAPHIQUE

Sources du droit germanique et du moyen-âge

Monumenta Germaniae historica, inde ab anno Christi quingentesimo usque ad annum millesimum et quingentesimum. — Hanovrae 1837. 4 vol. in fol.

Capitularia regum francorum additae sunt Marculfi Monachi et aliorum formulae veteres et notae doctissimorum virorum, Stephanus Baluzius, tutelensis in unum collegit. Parisiis, 1780. 2 vol. in fol.

Recueil des formules usitées dans l'empire des Francs, par Eugène de Rozière. Paris, 1859. 4 vol. in-8°.

Le Conseil de Pierre de Fontaines. Édition Marnier. Paris, 1848, in-8°.

Les établissements de St-Louis. Édition Viollet. Paris, 1881. 4 vol. in-8°.

Coutumier d'Artois, publié d'après les Mss. 5248 et 5249 (fonds français) de la bibliothèque Nationale, par A. Tardif. Paris, 1883. 1 vol. in-8°.

Coutumes tenues toutes notoires et jugées au Châtelet de Paris, par Messire Jean de Maré, de 1300 à 1397, à là fin du Commentaire de Brodeau sur la Cout. de Paris.

Ordonnances des rois de France de la 3ᵉ race, recueillies par ordre chronologique, avec renvoi des unes aux autres et sommaire des observations sur le texte, par M. de Laurière, avocat au Parlement. Paris, 1723. 21 vol.

Notes et dissertations de Pardessus sur la loi Salique, in-4°, 1843.

Recueil d'actes des XIIᵉ et XIIIᵉ siècles en langue romane-wallonne du nord de la France, par Tailliar. Douai, 1849, in-8º.

Notice sur les institutions Gallo-Franques sous les Mérovingiens, par Tailliar. Douai, 1835, in-8º.

Coutumes de Lille (manuscrit de fin du XIIIᵉ siècle. Bibl. comm. de Lille, ms. nº 328.

Jean Roisin : Franchises, lois et coutumes de Lille. Brun-Lavaine, 1842, in-4º, Lille.

Jehan Bouteillier : Somme rurale. Édit. Charondas le-Caron. Paris, 1603.

Le Livre des usaiges et anciennes coutumes de la Comte de Guisnes. Édit. Tailliar, St-Omer, 1856.

Recueils de Coutumes et d'arrêts et commentaires

Nouveau coutumier général, ou corps des Coutumes générales et particulières de France et des provinces réunies sous le nom de Gaules par Charles Bourdot de Richebourg, avocat au Parlement. Paris, 1724. 4 vol. in-fol. — Le même ouvrage existe aussi en 8 tomes in-fol.

Commentaire sur la coutume de Senlis (par Jean Ricard, avocat au Parlement, à la fin de son traité des donations). Paris, 1688. 2 vol. in-fol.

Coutumes Générales d'Artois, avec notes, par Mᵉ Adrien Maillart, avocat au Parlement, Paris, 1739. 2 tomes en 1 vol. in-fol.

Les remarques d'Abraham Fabert, sur les Coutumes générales du duché de Lorraine, baillage de Nancy, Vosges, Allemagne. 1 vol. in-fol. Metz, 1657.

Commentaires sur les Coutumes de la ville de Lille et de sa châtellenie, par Patou. Lille, 1788. 3 vol. in-fol.

Institutions au droit Coutumier du Hainaut, par Boulé. Mons, 1780, in-12.

DESMAZURES. Remarques sur les Coutumes d'Artois. 7 vol.
in-fol., manuscrit du XVIIIᵉ siècle.

Commentaire sur les Coutumes d'Artois pris de quelques
auteurs, par Gosson et Maître Pisson, manusc. XVIIᵉ
siècle.

Remarques par François Hébert faites au Conseil provincial
d'Artois, sur plusieurs articles de la Coutume et sur des
questions pratiques. Manuscrit du XVIIᵉ siècle (1695).

Coutumes Générales d'Artois, par Roussel du Bouret.
2 tomes in-12. Paris, 1771.

Les Coutumes et loix des villes de Flandre, par M. Le Grand,
3 vol. in-fol. Cambray, 1719.

Coutumes de la ville et chef-lieu de Valenciennes, 1626.
Valenciennes, in-12.

Coutumes de Valenciennes, revues et corrigées sur l'ori-
ginal et augmentées de l'édit perpétuel avec une interprétation de cet édit. Valenciennes. 1703, in-12.

Commentaires sur la Coutume de Douai et de Valenciennes
à la fin du recueil des principales questions et plusieurs
consultations d'avocats, par Dubois, avocat au Parlement de Flandre. 1743, 2 vol.

Coutumes de la ville, banlieue et chef-lieu de Valenciennes. 1703, vol. in-12.

Les coustumes de la ville, banlieue et chef-lieu de Valenciennes, 1590, in-12.

Coustumes générales de la cité et duché de Cambray et du
Pays et comté du Cambrésis. Onzième édition, Cambray, 1776.

Lois, chartes et coustumes de Mons et des villes y ressor-
tissans. Mons, 1663, in-12.

Coutumes du Bailliage de Lille, manus. 1705, N° 6004. Bibl.
municip. Lille.

Coutumes de la ville de Lille, man. N° 6002, Bibl. municip.
Lille.

Coutumier des banlieue et échevinage de Lille, 1705, manuscrit N° 6003, Bibl. municip. Lille.

Coutumes gardées et observées au bailliage de Tournai, par
Jonderghiste et quelques conseillers. Bibl. Tournai,
man. N° 36.

Coutumes de la ville et échevinage de Douai, à Douai,
1828, in-12.

Coutumes d'Hesdin, dérogeantes à la coutume générale
du pays et comté d'Artois. Arras, 1718, in-12.

Conférences des principales coutumes du Parlement de Flandre, faites par des avocats du Parlement établi à Tournai,
depuis à Cambrai, ensuite à Douay et des autorités et
droit des gens mariés. Manuscrit de la Bibl. Lille, N° 621.

Recueil des coutumes de Tournai, manuscrit du 16e siècle.
Bibl. Lille.

Notes et commentaires sur les coutumes de Lille, recueillis
par M. Six, avocat, manuscrit 17a siècle (d'une lecture
très difficile).

Commentaire sur les coutumes de Lille, 2 tomes in-f°,
manuscrit Lille, 17e siècle (1716), N° 512.

Commentaire des coutumes de Lille, par Lecocq, manusc.
3 vol. in-f°, 18e siècle (reproduction à peu près littérale
dans Patou).

HOUARD. Traité sur les coutumes Anglo Normandes, 4 vol.
1776, in-8° Paris.

BOUTHORS. Coutumes locales du bailliage d'Amiens, 2 vol.
in-4°, 1845.

BOUTHORS. Sources du droit rural. Paris, Durand, 1 vol.
in-8°, 1865.

Coutumes générales du comté d'Artois, décrétées avec
celles de l'échevinage d'Arras (bailliages de St-Omer,
Béthune, Aire, Lens, etc. 2e édit. Arras, 1598, in-24.

Répertoire Universel et raisonné de Jurisprudence civile
criminelle, canonique et bénéficiale, par Guyot et ses
collaborateurs. Paris MDCCLXXXIV, 5e édition, par
Merlin, 1828 ; Paris, 19 volumes.

Recueil d'arrêts du Parlement de Tournai, par Pinault
des Jaunaux ; 2 t. in-4°, Valenciennes, 1702.

Collection de décisions, par Denisart ; 7ᵉ édition, 1771.

Ricard. — Traité des donations : 2 tomes in-fᵒ. Paris, 1685 et 1688.

Jurisprudence de Flandre ou arrêts recueillis par MM. Dubois d'Hermaville, avec un Commentaire sur la coutume de la Salle de Lille, par M. de Blye. Lille, 1773 ; 2 tomes en 1 vol. in-4ᵒ.

Recueil d'arrêts du Parlement de Flandre, sur diverses questions de droit, de coutume et de pratique, recueillis par feu Messire J. Pollet, édité par Grenet. Lille, 1716.

Recueil de plusieurs arrêts du Parlement de Paris, pris dans les mémoires de M. Georges Louet, conseiller du roi au Parlement de Paris, avec autres arrêts, notables décisions recueillies par feu Mᵉ Brodeau, avocat à la Cour. Paris, 1683, 2 vol. in-fᵒ.

Les Coutumes et usages de Lille, par Lebouck. Douai, 1626, in-4ᵒ.

Coutumes et usages de Lille, 1533, note de Laurent Van den Hane. Gand, 1777, 2 vol. in-24.

Coutumes générales de la ville et duché de Cambray, par Pinault Sʳ des Jaunaux. Douay, 1691, in-4ᵒ.

Coutume de Tournai, citée par Boutillier (somme rurale), liv. I, tit. LXXVI, édit. 1621, p. 468.

Méthode générale pour l'intelligence des Coutumes, par Challine. Douai, Derbain, 1765 ; 1 vol. in-12.

Recueil des Anc. Cout. de la Belgique. Bruxelles, in-4ᵒ, 4 vol. par Faider, Limburg-Stirum, Gilliods, Dubois de Hondt, Gheldolf, etc...

Ouvrages généraux contemporains

Beaune. La condition des biens. Paris, 1886, 1 vol. in-8ᵒ.

Ch. Ginoulhiac. Histoire du régime dotal et de la Communauté de biens en France. Paris, 1842, 1 vol. in-8ᵒ.

Ed. La Boulaye. Recherches sur la condition civile et politique des femmes depuis les Romains jusqu'à nos jours. Paris, 1843, 1 vol. in-8°.

Revue de législation et de jurisprudence. Paris, in-8°, an. 1849, t. 1. Étude sur les développements de la société humaine. — An. 1843, t. 1. Les origines germaniques du droit français, par Kœnigswater.

Viollet. Droit privé, histoire du droit civil français. 1 vol. in-8°, Paris.

Lefebvre. Leçons d'introduction à l'histoire du droit matrimonial français. Paris, 1900, 1 vol. in-8°.

Boissonade. Histoire des droits de l'époux survivant. Paris, 1874, in-8°.

Observations de la Faculté de Droit de Caen sur le projet de la loi de M. Delsol sur le conjoint survivant. Caen, 1875, pp. 18 et 19.

d'Olivecrona. Précis historique de l'origine et du développement de la Communauté. Paris. Rev. hist. du droit français et étranger, 1865.

Boucher d'Argis. Traité des gains de survie des pays de droit écrit. Lyon, 1738, in-4°.

Tardif. Origines de la Communauté. Thèse Paris, 1850.

Paul de Salvandy. Des gains de survie. Thèse Paris, 1855.

Louis Passy. Origines de la Communauté. Thèse Paris, 1857.

Dupuis. Des droits accordés à la femme veuve dans l'ancien droit et le droit moderne. Thèse Paris, 1887.

Marchant. Le douaire des enfants. Thèse Lille, 1899.

Ed. Gans. Histoire des droits de succession en France au moyen-âge, traduit en français par L. de Lomenie. Paris, in-12, 1845.

E. Lecesne., Législation coutumière d'Artois. Paris, MDCCCLXIX, in-8°.

INTRODUCTION

Idée générale et géographie de l'entravestissement.

Le mariage crée entre les époux la plus étroite des associations. Aussi séparés que puissent être, d'après les stipulations du contrat de mariage, leurs intérêts matériels, la fusion des existences qui tend, sans cesse, à les rapprocher, produit ce résultat que, dans la plupart des cas, la fortune, laissée par le prémourant, se trouve avoir été, sinon constituée, du moins conservée par le travail et l'économie du survivant. La mort qui rompt l'union des patrimoines, en même temps que l'union des personnes, peut créer au survivant une situation difficile en le réduisant à ses propres ressources qui peuvent être nulles. La jouissance d'une fortune qu'il avait pu considérer comme sienne a dû l'habituer à un bien-être qui rendra plus pénible la situation précaire où l'aura mis la perte de son conjoint.

« N'est-ce pas un spectacle douloureux et bles-
« sant, dit M. Piou, dans le rapport de la Commission
« de la Chambre des députés, à la séance du 27 janvier
« 1890, que celui de ce mari, de cette femme, passant
« brusquement, par la mort de leur conjoint, de

« l'aisance, de l'opulence, peut-être, à une gêne d'au-
« tant plus pénible, qu'elle contraste d'autant plus
« vivement avec l'existence passée. Hier, toutes les
« facilités de la vie ; aujourd'hui, tous ses embarras.
« Hier, tout était commun entre les époux, chacun
« d'eux avait sa part de la même prospérité ; aujour-
« d'hui, tout est séparé, brisé. Il y a, d'un côté, une
« riche succession que se partagent, sans émotion,
« des collatéraux éloignés, de l'autre, un veuf, une
« veuve pauvre qui se retire tristement avec tous les
« regrets du passé et toutes les angoisses de l'avenir.»

Cette situation a, d'ailleurs, préoccupé les législateurs de tous les temps. Rechercher, dans quelle
mesure et comment, aux diverses époques de l'histoire
la loi, la coutume, ou à défaut la convention, sont
parvenus à régler les droits de l'époux survivant est
une œuvre intéressante qui a été tentée bien des fois.
Depuis une vingtaine d'années surtout, la cause du
conjoint survivant a été plaidée à toutes les tribunes ;
nos revues juridiques, nos recueils judiciaires sont
remplis de dissertations que d'éminents jurisconsultes
lui ont consacrées et les thèses de doctorat écrites sur
ce sujet ne se comptent plus.

Ces nombreux travaux auraient pu nous faire
longuement hésiter à entreprendre cette étude, si nous
n'avions été frappé du peu d'attention accordée à une
institution de notre droit coutumier dont le nom
archaïque révèle les origines lointaines (1).

(1) Boissonnade. dans son excellent ouvrage : « Hist des Dᵗˢ du C.
surv. », dit en parlant de l'entravestissement : « Nous avons hésité à

Idée générale de l'entravestissement. — Il existait, en
effet, dans certaines Coutumes du Nord de la France
et des provinces limitrophes de la Belgique, un
gain de survie appelé indifféremment *ravestissement*
ou *entravestissement* (1), dont l'importance égalait celle
du douaire dans les Coutumes générales.

On distinguait deux formes d'entravestissement :
l'un, appelé le *ravestissement* ou *entravestissement de
sang*, était un avantage qui résultait, pour les conjoints, de la naissance d'un ou plusieurs enfants issus
de leur mariage, par l'effet duquel le survivant était
appelé à recueillir, sous certaines réserves, la succession de son conjoint prédécédé ; l'autre, connu sous le
nom de *ravestissement* ou d'*entravestissement par
lettres*, était une donation mutuelle et réciproque, par
laquelle deux époux, privés d'enfants, attribuaient au
survivant d'eux les avantages, en tout ou en partie,
de l'entravestissement de sang.

La condition à laquelle l'entravestissement de
sang était subordonné, savoir, la naissance d'enfants,
n'était pas entendue de la même façon par toutes les

parler de ce gain de survie, aujourd'hui oublié, dont le nom même
étonne, et dont il n'est même pas fait mention dans Pothier, parmi les
avantages propres à quelques coutumes. »

(1) Les noms de l'institution variaient suivant les coutumes. Le mot
« entravestissement » était particulièrement usité en Artois. La Coutume particulière de la loy d'Arras, art. 2, l'écrivait entre-advestis-
sement ; celle de Wancourt, art. 9, entraadvestissement. Au contraire,
toutes les coutumes de Flandre l'avaient dénommée ravestissement,
revestissement ou radvestissement, en flamand vercleedinghe.

Le Glossaire de Du Cange fait dériver ce mot du latin, vestire,
revestimentum, qu'il traduit par « iterata missio in possessionem. »
Legrand (Cout de Flandre, 3 vol. in-f°; Cout. de Bailleul, p. 18) fait
observer en note que le mot ravestissement est d'origine wallonne.

coutumes. Certaines, comme celles d'Arras, Douai, Valenciennes, s'attachaient exclusivement, pour consacrer le droit du survivant, au seul fait de la naissance d'un enfant vivant pendant le mariage ; elles ne se préoccupaient pas du point de savoir si l'enfant était encore vivant au moment du décès du premier des conjoints, ou s'il était prédécédé. Dans un cas comme dans l'autre, l'entravestissement de sang était acquis au conjoint survivant. D'autres coutumes, au contraire, comme celles de Cambrai, de Lille, exigeaient que l'enfant fût au moins vivant à la dissolution du mariage ; à Cambrai, même, le droit déjà recueilli par l'époux survivant cessait, si les enfants du mariage venaient à mourir.

L'effet de l'entravestissement de sang était de saisir le conjoint survivant de la propriété de tous les meubles et de certains héritages du prédécédé à la charge des dettes, frais funéraires et de l'entretien et éducation des enfants, s'il en était. Mais cet effet variait aussi d'une coutume à l'autre. Alors qu'à Arras, Douai, le conjoint entravesti devenait propriétaire de tous les biens meubles et immeubles laissés par le prédécédé, à Valenciennes il n'était plus qu'usufruitier des immeubles. La coutume de Lille, plus restrictive encore, avait même enlevé au conjoint ce droit d'usufruit.

Là même où le conjoint entravesti était propriétaire des immeubles, il ne pouvait pas toujours en disposer librement. Dans d'assez nombreuses coutumes d'Artois, s'il existait des enfants, les biens

immeubles devenaient indisponibles, dans l'intérêt
de ceux-ci ; le conjoint ne pouvait ni les vendre, ni
les hypothéquer : il n'avait plus qu'un droit de
« propriété bridée ».

Les conditions de l'entravestissement par lettres
étaient, à peu près, partout les mêmes. Tandis que
l'entravestissement de sang se produisait, de plein
droit, par la disposition même de la Coutume, celui-ci,
au contraire, exigeait pour sa validité, la manifes-
tation de la volonté des époux dans des formes solennelles. L'acte était passé devant les échevins du
domicile des époux, et rien ne pouvait suppléer, en
principe, la comparution personnelle de ceux-ci. Cet
acte fut, d'abord, rédigé en double « en cirographe » ;
l'un des doubles restait entre les mains des échevins,
l'autre était remis aux parties ; c'étaient les lettres
d'entravestissement. Plus tard, la formalité consista
dans le dépôt, au greffe de l'échevinage, de l'acte lui-
même, dont il était délivré expédition.

La non-existence d'enfants était une condition
également requise par toutes les coutumes ; cependant, l'existence d'enfants ne faisait pas obstacle à
l'entravestissement de lettres, dans les coutumes
qui subordonnaient l'ouverture de celui de sang, à
la survivance des enfants ; mais l'acte d'entravestissement était nul et non avenu si l'entravestissement
de sang avait lieu.

Cet acte solennel que recevaient les échevins était
une donation mutuelle qui tenait à la fois des dispositions entre vifs et à cause de mort. L'objet de

cette donation n'était ni présent, ni déterminé ; mais portait sur les biens qui existeraient lors du décès du premier mourant des conjoints; cependant, l'acte était, par sa nature, irrévocable en ce sens, du moins, que chacun des époux ne pouvait, sans le concours de l'autre, y apporter la moindre modification.

Les époux trouvaient dans l'entravestissement de lettres les mêmes avantages qu'ils auraient eus en cas d'entravestissement de sang. Mais dans la plupart des coutumes, leur faculté de disposer était strictement limitée. De même qu'ils ne pouvaient atténuer les effets de l'entravestissement de sang, de même, ils ne pouvaient se faire une meilleure condition, par des stipulations particulières. A part certaines coutumes où les époux pouvaient disposer de leurs biens, en totalité ou en partie, soit en usufruit, soit en propriété, c'était un principe, que tous les biens entrant dans l'entravestissement de sang devaient être compris, dans les mêmes conditions, dans l'entravestissement de lettres et cela à peine de nullité ; chacun des époux pouvait seulement se réserver le droit de disposer d'une certaine somme pour legs pieux ou autres, sans avoir besoin du consentement de l'autre.

Par l'attribution qui lui était faite des biens mobiliers, et aussi, dans la plupart des coutumes, des biens immobiliers, propres ou acquêts du conjoint prédécédé, le conjoint survivant, entravesti, de sang ou de lettres, devenait son héritier, ou mieux son légataire universel. Il avait les mêmes droits, soit qu'il fût seul à recueillir la succession, soit qu'il fût en présence d'héritiers du sang ou légitimaires. Sa situation de conjoint ravesti avait un autre avantage plus précieux encore. Les autres héritiers du défunt ne pouvaient, en effet, l'actionner en liquidation et partage de la succession. S'il y avait des enfants, il n'était tenu au partage que s'il se remariait ; hors ce cas, les héritiers étaient privés de leurs droits pendant toute la vie du conjoint ravesti ; dans certaines coutumes, même, ils étaient, pour toujours, exhérédés de la succession du défunt, et se voyaient exclus par les héritiers du conjoint survivant.

On doit reconnaître que l'entravestissement, en voulant favoriser le conjoint survivant, compromettait d'une sérieuse façon les intérêts de la famille du défunt. Les enfants ne pouvaient avoir aucune fortune jusqu'à ce que leurs père et mère fussent tous deux décédés, et les proches parents du défunt étaient, dans bien des cas, exposés à voir passer sa fortune dans des mains étrangères. Il est vrai que certaines règles rigoureuses et restrictives devaient imposer un frein salutaire aux excès de libéralité des époux ; telle, cette règle qui défendait l'entravestissement par lettre pour une seule partie des biens ; il fallait donner tout ou rien ; et encore celle qui, dans beaucoup de coutumes, limitait aux biens meubles et cateux (1) les effets de l'entravestissement.

Géographie de l'entravestissement. — Les limites géographiques de l'institution ne peuvent être établies

---

(1) C'était une catégorie intermédiaire de biens sur laquelle nous nous expliquons plus loin.

avec une grande précision, à raison surtout de la grande variété des coutumes d'entravestissement. On peut toutefois, suivant leurs affinités naturelles, distinguer trois groupes de coutumes :

1er groupe. — Artois. — L'entravestissement s'était établi et maintenu dans une foule de petites localités de la province d'Artois, bien que la coutume générale eût prohibé, d'une façon absolue, toutes les libéralités entre conjoints (1) ; et ces localités se trouvaient toutes situées en deçà d'une ligne idéale qui relierait Bapaume à Aire-sur-la-Lys. Tout le pays situé au-delà de cette ligne semble, en effet, avoir ignoré l'existence même de cette institution. Les coutumes de Calais, Boulogne, Montreuil, St-Omer et du pays de Langle (Ste-Mariekerque, St-Folquin, Gravelines) sont muettes sur ces droits particuliers du conjoint survivant. Seule, peut-être, la coutume de Guînes en Calaisis pourrait être rangée au nombre des coutumes d'entravestissement, bien que le mot ne s'y rencontre nulle part (2).

(1) Il est douteux que l'entravestissement se soit généralisé primitivement à tout le pays d'Artois. Le Coutumier du XIVe siècle, publié par Tardif, ne contient rien qui se rapproche de près ou de loin à l'entravestissement. Cette institution n'a donc pénétré en Artois que par dérogation aux principes établis. C'est ce qui explique son existence dans les seules contrées voisines de la Flandre où était née cette institution.

(2) On lit, en effet, dans le Livre des Usages et Anc. Cout. de la Comté de Guisnes (Tailliar, Saint-Omer, 1856), p. 173 : « Homme et « femme conjoins par mariaige ne pevent riens donner l'ung à l'autre, « mais bien en pourroit l'omme à sa femme ou la femme à son mary, « donner au plus longuement vivant tous ses biens meubles, soient « bestes ou autres choses, ou ses acquêts, et ce doyvent recongnoistre

Géographie des
Coutumes
d'entravestissement

Dunkerque • Furne • GAND

Calais • Hondschoté

Guines • Poperinghe

ogne • Cassel • YPRES Courtray • Ninove • BRUXELLES

St Omer • Bailleul • Armentières • Enghien • Hal

Hazebrouck • LILLE

Aire • • TOURNAI • Nivelles LIÉGE •

Lillers • La Bassée • Orchies MONS •

Béthune • St Amand • Binche • Charleroi NAMUR

Hesdin • Lens DOUAI VALENCIENNES

St Pol • Arras • Maubeuge

Bapaume • CAMBRAI • Avesnes • Fourmies • Chimay

P I C A R D I E • Vervins

A R T O I S

F L A N D R E

• Laon

L'entravestissement n'avait pas non plus pénétré dans la Picardie ; et dans aucune des localités, même les plus voisines de l'Artois, il n'en est fait mention (1).

2ᵉ Groupe. — FLANDRE ET HAINAUT. — Ici, nous entrons, à proprement parler, dans le pays de l'entravestissement. Le Hainaut, la Flandre, en effet, ont dû recevoir, de bonne heure, l'empreinte germanique qui a marqué si fortement l'entravestissement. Trouvant dans ces provinces un terrain des plus favorables, notre institution s'introduisit dans la presque totalité des coutumes locales et s'étendit même aux provinces voisines. Les coutumes de Lille, Douai, Orchies, Cambrai, Valenciennes, Mons et Tournai étaient autant de centres où s'était formé l'entravestissement et d'où il était sorti pour se propager dans tout le pays. Par suite de la grande étendue du ressort de ces coutumes, et en particulier de celui de la coutume de Mons (2), les limites géographiques de notre institu-

« en leur plaine vie devant la justice, et tant qu'il ou elle vivra ne peut
« riens vendre.
« Et après le trépas du derrain vivant, les hoir tant d'ung costé,
« comme d'autre partiront les biens meubles, et les acquetz se retour-
« neront aux hoirs de celluy qui les aura acquestés. »
Cette institution ne semble pas être autre que l'entravestissement de lettres, sauf qu'il n'y est pas question des enfants.

(1) L'art. CVI, tit. V, de la coutume d'Amiens (Bourdot, I, p. 178) dit que les époux ne peuvent s'avantager que par testament de tous leurs biens, meubles, acquêts et 1/5 de leurs propres ; en cas d'enfants, le conjoint survivant n'a que l'usufruit des biens. Les Anc. Cout. de Ponthieu et Vimeux et les Anc. Usages d'Amiens, de Marnier, ne nous donnent aucun renseignement.

(2) La coutume de la Ville de Mons était très étendue et comprenait dans son ressort des coutumes assez importantes comme celles d'Avesnes, Maubeuge, Landrecies, Ath, Hal, Beaumont, Dour, Enghien, etc.

tion s'étendaient assez loin dans les Pays-Bas. Elles
représenteraient assez bien un vaste quadrilatère dont
les lignes passeraient par Lille, Douai, Cambrai,
Chimay, Maubeuge, Mons, Enghien et Tournai.

Toutes les coutumes locales comprises à l'inté-
rieur de ce quadrilatère, sauf de très rares excep-
tions(1), bien que présentant dans l'application d'assez
nombreuses variétés, avaient reconnu aux époux qui
y étaient domiciliés, le droit de se ravestir, soit par
sang, soit par lettres.

Au-delà de ces limites, l'entravestissement n'existait pas. La coutume de *Vervins*, par exemple, quoique
immédiatement voisine des coutumes du ressort de
Mons, le prohibait expressément (2). Cependant la
coutume de la prévôté de Laon, siège principal du
bailliage du Vermandois, pratiquait un usage ayant
beaucoup d'analogie avec l'entravestissement de sang.
C'était la « coutume courant entre les mariés » suivant
laquelle le survivant, quand il n'y avait pas d'enfant

(1) La plus remarquable est la coutume du Bailliage de Lille qui
n'avait jamais admis l'entravestissement malgré le voisinage de la
coutume de la Châtellenie de Lille qui l'avait, au contraire, consacré.

(2) On lit dans les Chartes de Vervins, par Mennesson (Bull. Soc.
Arch. Vervins, t. XIII, 1889, tirage à part, p. 42, Charte de Vervins,
1238) : « et se li barons ou la fame n'ont point d'oirs de leurs cors et
raveste le un l'autre de ce qu'il ont, *siens vestemens ne vaille riens.* »
Et plus loin : « et s'uns home ou une fame sont encemble par mariage
et ont aucun oir qui muire devant le père et la mère, le père et la mère
n'aquièrent rien par la raison de cet enfant. » Donc pas d'entravestissement ni de lettres, ni de sang.
— La charte de Landouzy-la-Ville, imitée de Vervins (citée par
Mennesson, *op. cit.*, p. 42, n²,) exprime la même idée ; «Item statutum
est ut vir et mulier matrimonio copulati, non habentes liberum, de
bonis suis *se ad invicem non valeant investire.* »

du mariage, tenait sa vie durant tous les meubles,
héritages et acquêts situés à Laon et dans la banlieue (1).

La coutume de Bruxelles, que nous avons laissée
en dehors des coutumes d'entravestissement, présentait certaines dispositions qu'il est utile de remarquer. Aux termes de l'art. CCXLIX de cette coutume,
le survivant des conjoints, qu'il y eût ou non des
enfants du mariage, était propriétaire de tous les
meubles. D'autre part, l'art. CCXLIII lui réservait
l'usufruit de la part de communauté revenant aux
héritiers du prémourant.

De plus, l'article CCXLI reconnaissait aux époux
le droit de se donner l'un à l'autre, par testament ou
par dons entre vifs, tous leurs biens meubles et
immeubles sans restriction, sous réserve, toutefois,
de la légitime due aux enfants du mariage (2). Ces
principes se trouvaient également consacrés par la
coutume de Nivelle (3).

La coutume de Liège, quoique plus restrictive, se
rapprochait des précédentes, en ce sens que le conjoint
survivant avec enfants acquérait la propriété des
meubles avec l'usufruit des immeubles.

Pénétrant encore plus avant dans les Pays-Bas, on
rencontrait la coutume du Duché de Luxembourg et
de Thionville, qui attribuait au survivant la propriété
des meubles avec l'usufruit de tous les biens immeu-

(1) Bourdot de Richebourg, Cout. gén., I, p. 437, ch. 6, art. 9.
(2) Bourdot de R., I, p. 1252.
(3) Ch. V., art. 49, 52, 53 et 55. Bourdot, I, p. 1204.

bles du conjoint prédécédé, propres ou acquêts, qu'il y eût ou non des enfants (1).

Comme on le voit, les limites que nous avons assignées à l'entravestissement des provinces de Flandre et du Hainaut, seraient assez peu précises ; cependant, malgré leur analogie frappante avec notre institution, ces dernières coutumes doivent rester en dehors de ces limites puisqu'il n'y est pas question de l'entravestissement proprement dit (2).

3ᵉ Groupe. — FLANDRE MARITIME. — Dans la région comprise entre Bailleul, Ypres, Courtrai, Gand, Furne et Hondschoote, existait une espèce de ravestissement qui différait beaucoup du ravestissement des groupes précédents. Il n'est plus question, ici, de l'entravestissement de sang dont il n'est parlé nulle part ; quant à celui de lettres, il s'est singulièrement modifié. Les coutumes de Gand (3), Courtrai (4), Bruges (5), Audenarde, Bergues et Poperinghe ne permettent aux époux de s'avantager, par ravestissement ou autrement, que de quelques joyaux ou meubles modiques,

(1) Titre VIII, art. 4, 8, 9, 10. Bourdot, II, p. 339.
(2) Quoique ces coutumes ne fassent nulle part allusion à l'entravestissement, il est aisé de reconnaître dans leurs dispositions les principes qui gouvernaient cette institution, et cela ne nous conduit-il pas déjà á dire que l'entravestissement n'était pas une pratique isolée qui serait née dans les seules provinces de la Flandre et du Hainaut, mais qu'elle était bien plutôt une des formes d'une institution plus générale sur l'origine, les caractères et la portée de laquelle nous nous expliquerons bientôt.
(3) 3ᵉ Partie. Rubriq. XX, art. 21.
(4) 3ᵉ Partie. Rubriq. XII, art. 8.
(5) Bruges, tit. 3, art. 7. — Audenarde, 3ᵉ partie, Rub. XVI, a. 20.

suivant l'état de fortune du donateur. Nous sommes
loin du ravestissement général de tous biens des
coutumes de Flandre et d'Artois.

Ailleurs, la faculté de disposer des époux était un
peu plus étendue. La coutume d'Ypres, par exemple,
leur reconnaissait le droit de se ravestir d'une maison
située dans l'échevinage (1). Les coutumes de Bailleul et de Furne (2) allaient même jusqu'à leur permettre, mais à des conditions très rigoureuses, le
ravestissement des fruits et revenus de tous leurs
biens.

Cette institution, dont l'usage s'était ainsi répandu
depuis les bords de la Meuse jusqu'aux rivages de la
mer du Nord, nous a paru mériter une étude spéciale (3).
Rechercher les origines de l'entravestissement ; déter-
miner les causes qui ont présidé à son évolution ;
examiner les influences étrangères qui ont pu s'exercer
sur cette institution dans le cours de son développement ; préciser ses conditions d'existence et ses effets
dans les différentes coutumes ; voir l'application qu'en
ont faite les commentateurs et la jurisprudence,
constater, enfin, sa disparition, sont autant de points
qui font l'objet des chapitres qui vont suivre.

(1) Rub 7, art. 4.
(2) Bailleul. Rub. V, art. 4. — Furne, tit. IV, art. 11.
(3) Le choix de ce sujet de thèse nous a été proposé par M. Collinet,
professeur de Droit romain à la Faculté de Lille, lequel nous a, de plus,
donné d'excellents conseils dans le cours de notre travail. Au commencement de cette étude, qu'il nous soit permis de lui témoigner publiquement toute notre reconnaissance.

PREMIÈRE PARTIE

Les Origines de l'Entravestissement et son histoire jusqu'au Moyen-Age

Les documents antérieurs à la rédaction des coutumes, aussi bien que les nombreux ouvrages des Commentateurs des XVIe, XVIIe et XVIIIe siècles ne nous fournissent aucune indication sur l'origine même de l'entravestissement. Mais l'histoire générale des droits du conjoint survivant permet de résoudre en partie ce problème. L'entravestissement n'a pas été une institution isolée. Nous venons de voir combien il était difficile de préciser ses limites géographiques ; les principes qui avaient contribué à son maintien dans les coutumes de Flandre, d'Artois et du Hainaut, n'avaient, en effet, rien de spécial à ces coutumes ; on les retrouvait consacrés et appliqués un peu partout dans les pays placés sous l'influence du droit germanique.

Le droit romain s'était montré particulièrement

défavorable aux libéralités entre époux comme aux droits du conjoint survivant. Cette conception, qui fut également celle du droit français (1), n'a jamais pénétré dans le droit germanique. Une communauté d'existence intime caractérise, en effet, le mariage des germains. La conclusion du mariage se présenta d'abord, il est vrai, chez eux, sous la forme d'un véritable achat de la femme par le mari, mais outre que ce prix d'achat se convertit rapidement en douaire, l'union conjugale paraît avoir été comprise, dans les pays occupés par les Germains, comme créant un lien très étroit entre les époux et qui les attachait également et directement aux enfants, sans distinction entre la parenté paternelle et la parenté maternelle. C'est l'esprit de cette législation qui anime l'entravestissement.

L'entravestissement, avons-nous vu, était un avantage légal ou conventionnel qui résultait pour les conjoints de la naissance d'un ou de plusieurs enfants issus de leur union, soit d'une donation universelle et réciproque qu'ils pouvaient se faire. « Cette sorte de » dévolution, dit M. Tailliar (2), avait pour causes la

(1) Les établissements de St-Louis, I, ch. 112, 114 ; les assises de Jérusalem, cour des bourgeois, ch. 153, permettaient aux époux de s'avantager par testament du 1/3 de leurs propres, mais non par dons entre vifs. Mais plus tard, on n'admit plus que le don mutuel et réciproque, que la pratique soumit aux conditions les plus rigoureuses (V art. 58 des coutumes toutes notoires du Châtelet. — Art. 282 des cout. de Paris). Quant aux droits de succession ab intestat, le conjoint survivant était primé par le fisc.

(2) Tailliar, Recueil des actes des XII* et XIII* siècles, en langue romane et wallonne. Introduction, p. ccci-cccii.

» naissance d'un enfant bien-aimé, premier fruit
» d'un légitime amour et qui resserrait encore les
» liens d'une heureuse union ; à défaut de ce gage de
» félicité, l'acte émané du cœur par lequel les époux,
» se donnant réciproquement un témoignage de leur
» profond attachement, s'entravestissaient, en quel-
» que sorte, de leurs fortunes respectives, et par une
» libéralité mutuelle se couvraient pour ainsi dire
» d'un vêtement de tendresse et d'affection . »

L'étude de la législation germanique nous permet
de remonter aux sources mêmes d'où sont sorties ces
deux formes d'entravestissement.

§ I. — Origines de l'entravestissement de sang.

Dans un article paru dans la revue de Savigny (1),
M. Brunner a très bien mis en lumière les principes
germaniques qui sont la base même de l'entravestissement de sang comme de beaucoup d'institutions
analogues.

Tandis que dans notre droit moderne, c'est au
moment même du mariage que se fixe le régime
statutaire des biens aux conditions duquel les époux
vont se trouver soumis pendant toute la durée de leur
union, le droit germanique, au contraire, subordon-
nait à d'autres événements la forme définitive du
régime des biens pendant le mariage, comme aussi des
droits accordés au conjoint survivant. Ces événements

(1) Zeitschrift der Savigny-Stiftung. Germ. Abtheilung, t. XVI,
1895, p. 63 à 108.

variaient beaucoup suivant les coutumes. C'était tantôt les fiançailles, les noces, l'acte conjugal, tantôt la
naissance d'un enfant, la naissance d'un enfant mâle
ou le baptême d'un enfant, tantôt enfin, l'expiration
de l'année du mariage, comptée à partir du jour de la
célébration du mariage, ou de celui de l'acte conjugal (1). De tous ces événements, le plus important
était la naissance d'un enfant. Ce fait exerçait une
influence remarquable sur le régime des biens entre
époux, qu'il fût contractuel ou légal (2).

La naissance d'un enfant avait pour effet :
1° d'augmenter dans le régime de séparation de
biens (3) les droits d'administration et de disposition,
en faveur de l'homme ; 2° d'établir solidement les
droits du veuf à une partie des biens de la femme,
droits qui lui étaient refusés après une union stérile ;
3' de transformer la séparation de biens en une communauté limitée (4) ou totale, avec ou sans participation des enfants ; 4° de transformer la communauté
limitée en communauté totale ; 5° de favoriser le passage de la fortune matrimoniale totale au dernier survivant des époux.

Il est à remarquer que toutes ces conséquences
restaient attachées au fait seul de la naissance ; puisqu'elles restaient acquises aux époux, nonobstant le

(1) Brunner, *hoc loco*, p. 67.
(2) Brunner, *hoc loco*, p. 67.
(3) Par régime de séparation de biens, il faut entendre, ici, le régime
de communauté de gestion, dans lequel chacun des époux restait propriétaire des biens meubles ou immeubles propres ou acquêts.
(4) C'était la communauté d'acquêts, ou communauté de biens meubles ou communauté d'acquêts et de biens meubles à la fois.

prédécès de l'enfant, avant la dissolution du mariage.

Nous avons reconnu dans la dernière de ces conséquences, les principes qui sont à la base de l'entravestissement de sang. La filiation germanique de notre institution s'affirmera plus nettement encore, par l'étude particulière des lois et coutumes qui s'étaient formés suivant ces principes.

Brunner passe en revue un assez grand nombre de ces coutumes (1). D'après le droit provincial de la Frise septentrionale, le conjoint survivant, si le mariage a été stérile, prend le bien qu'il a apporté et la moitié des acquêts. Mais si dans le mariage il est né un enfant, qui a été baptisé, qui a vécu quelque temps, et qui est décédé, les biens des deux époux se trouvent partagés en deux parts, à la dissolution du mariage (2). De même à l'ouest de la Weser, la communauté de tous biens s'établissait entre les époux, dès qu'il était né un enfant vivant. Mais à la dissolution d'un mariage stérile, la femme n'avait le droit que de reprendre sa dot.

(1) L'influence de la naissance d'un enfant sur le régime des biens matrimoniaux doit être examinée aux sources mêmes pour chaque droit-souche particulier. Mais bien des difficultés s'opposent à cet examen, car il n'y a pas, en règle générale, de sources de premier ordre, mais des sources du deuxième ou du troisième ordre (le premier ordre : noblesse: le deuxième : bourgeoisie; le troisième : les paysans). Les formules de droit ont gardé leur valeur le plus souvent, au moyen-âge, dans les couches sociales inférieures, dans les cantons agricoles et bourgeois, mais la noblesse restait, du moins par rapport à la possession territoriale, fidèle aux principes du mariage avec douaire. — Brunner, hoc loco, pp. 67 et 68.

(2) Droit local de Nordstrand de 1572, II, 24. Dans corpus statutorum Slevicensium, I, 468.

Le droit frison occidental de 1515 (1) suivait à peu près les mêmes règles. Le cri d'un enfant entendu des quatre coins de la chambre, suffisait pour créer entre les époux une communauté universelle se partageant par moitié à la dissolution du mariage (2).

Le domaine si restreint des sources du droit dans la Frise orientale et septentrionale laisse déjà apercevoir combien pouvait être grande l'influence de la naissance d'un enfant vivant sur le régime matrimonial des biens. D'après le vieux droit de la Frise orientale, elle détermine le passage de la séparation de biens en communauté universelle ; dans le Nordstrand, la communauté d'acquêts se transforme en communauté universelle.

Une autre conséquence non moins importante apparaît dans le droit de la principauté de Selwezd (province de Groningue) de 1529, où la naissance d'un enfant vivant entraîne le partage des biens par moitié. De plus, si l'enfant meurt pendant le mariage, il est attribué au conjoint survivant, toute la fortune de son conjoint prédécédé (3).

Le droit local de la principauté de Drenthe était conforme au précédent. A la naissance d'un enfant vivant, les biens meubles et immeubles sont communs,

(1) Wicht, Droit local de la Frise Occidentale, p. 427, II, 123.

(2) D'après la Coutume d'Ems, l'homme ne pouvait pas vendre le bien de sa femme avant d'avoir eu des enfants avec elle. Cf. Wicht, *hoc loco*, I, 131 ; II, 166, pp. 273 et 406. Mais il ne s'agit ici que des meubles, car il n'était pas permis à l'homme de vendre les immeubles de sa femme, même en cas de mariage avec enfants.

(3) Brunner, p. 70.

sans qu'il y ait besoin de se préoccuper si l'enfant survivra ou non au mariage. Mais suivant que se réalisait la 1re ou la 2e hypothèse, la dévolution des biens, à la dissolution du mariage, suivait des règles différentes. L'enfant existait-il encore, le conjoint survivant devait partager les biens avec lui ; l'enfant était-il mort, le conjoint survivant, d'après le rapport de 1557 et d'après les coutumes de 1572, recevait la totalité des biens meubles et immeubles (1).

A Lubeck, on voit quelque chose de particulier. La communauté qui s'établissait à la naissance d'un enfant, durait tant que l'enfant vivait, mais disparaissait au moment même où celui-ci mourait.

D'après le Droit de Westphalie, la séparation de biens se changeait en communauté universelle, à la naissance d'un enfant (2). De même encore cette disposition du droit de Dortmund, qui, en cas d'union stérile, prescrit le partage par moitié de tous les biens des époux, mais qui abandonne au dernier vivant toute la fortune, sans l'obliger à partager, dans le cas où les enfants sont morts pendant le mariage (3).

En Silésie, le régime des biens entre époux obéissait aux mêmes règles. On lit dans une ordon-

(1) Mais la coutume de Drenthe de 1608 considérait le cas d'un mariage avec enfants morts pendant le mariage, comme une union stérile (Droit local de Dreuthe de 1608, III, 23). Brunner, p. 71.

(2) V. Statut de Munster de 1349 et un titre westphalien et une lettre du Comte Engelbert de la Mark, de 1358, adressée aux habitants d'Iserlon.

(3) Dortmund, IV, 61, par Fremsdorff. Cf. Schroder, II, 3, p. 45.

nance de la principauté d'Oels (1), la disposition
suivante : « Il est d'usage jusqu'ici dans notre prin-
» cipauté, comme presque partout en Silésie, que si
» chez les paysans, jardiniers et autre bas peuple,
» deux personnes se marient et ont ensemble des
» enfants, par ce moyen, le lien de droit devient
» commun entre les deux époux. »

D'après de nombreux droits locaux de la Silésie,
la naissance d'un enfant avait pour conséquence
l'établissement de la communauté de biens (2).
Mais, contrairement à l'usage suivi à Lubeck,
si les enfants nés dans le mariage mouraient avant
leurs parents, le dernier vivant prenait tous les biens
laissés par le défunt.

Il en était de même dans les villes thuringiennes,
où la naissance d'un enfant entraînait pour les époux
une communauté universelle, et où le dernier vivant
en cas de prédécès des enfants, prenait tous les biens
y compris les immeubles personnels du défunt (3).

(1) III, 15, publiée en 1617. Brunner, p. 73 et 74.
(2) V. les droits de Schmeidniz, 1341; Zittan, 1567; Sagan, 1573;
Sorau, 1655; Bunzlau, Liebnitz, etc.
(3) V. Statuts d'Erfurth de 1306 ; droit de la ville de Heiligenstad,
1335 ; le Code d'Eisenach, I, 57; Statuts de Frankenhaus, 1558; Droit
de Weimar, 1590. V. aussi Droit du pays de Bing et le Droit saxon en
général.
Brunner continue son étude par les lois de la Silésie, de la
Bohème, etc. Il cite aussi les lois Ripuaires, Burgondes et Bavaroises.
C'est ainsi que le § 2 du titre 37 de la loi Ripuaire attribue à la veuve
le 1/3 des acquêts.
Les lois Saxonnes d'Ethelbert et les lois des Angles, accordent à la
veuve qui a eu des enfants la moitié des acquêts, et si la veuve n'a pas
eu d'enfant, elle n'a droit qu'à des aliments.
La loi des Bavarois accorde aussi à la femme survivante qui a eu des

Puis Brunner en arrive (1) aux coutumes de la Flandre, d'Artois et du Hainaut, où la naissance d'enfants pendant le mariage sous le nom de ravestissement de sang, avait sur le régime des biens entre époux les mêmes effets que ceux des coutumes dont il vient de faire l'étude. L'analogie est frappante entre toutes ces coutumes et ne permet pas de douter de leur commune origine (2).

enfants l'usufruit d'une partie des biens de son mari ; en cas de non existence d'enfants, elle n'a plus que la moitié en usufruit de la fortune mobilière de son mari (Tit. XIV, ch. 6 et 7).

La loi Burgonde (tit. LXIV, § 2, tit. XLII, § 1) fait varier la part que doit recueillir le conjoint survivant suivant le nombre d'enfants. La part est du 1/3 s'il n'y a qu'un enfant, du 1/4 s'il y en a deux.

La loi des alamans, t. 92, veut que le père succède à son enfant dans les biens maternels, lorsque l'enfant nouveau-né a survécu à sa mère, morte dans le travail de l'enfantement, assez de temps pour ouvrir les yeux et apercevoir le toit et les quatre murs de la maison.

On voit aussi, dans les coutumes anglo-normandes, des traces de cette législation. Ainsi, la loi d'Ecosse, *régiam magestatem*, lib. II, c. 58, s'exprime ainsi : Cum terram aliquam cum uxore sua acceperit in maritagio, et ex eadem heredem habuerit *brayantem inter quatuor parietes*, si idem vir uxorem suam supervixerit, sive vixerit heres, sive non, illi vero pacifice remanebli terra illa (Houart, Cout. angl. norm.).

Les établissements de S¹ Louis, liv. I, ch. 2, expriment la même idée : Gentis homs tient sa vie ce que len li donne à porte de moustier en mariage après la mort sa femme, tant n'eut-il hoir, pourvu qu'il ait eu hoir qui ait crié et bret (Ord. du Louvre, t. I, p. 117, n. D.). V. aussi Loysel, Inst. Cout. liv. 2, tit. 5, p. 427.

(1) Brunner, p. 79 à 85.

(2) C'est la conclusion à laquelle arrive Bouthors (Sources du droit rural, pp. 344 et 345). Tandis qu'il voit dans le régime des biens entre les époux gaulois, tel qu'il est décrit par César (de bello Gallico, liv. 6), l'origine de la communauté de biens, l'idée de donner la succession de la personne morte sans postérité, aux ascendants du premier degré, à l'exclusion des frères et sœurs, lui paraît venir des Germains. De plus, ajoute-t-il : « l'idée de réunir ces deux systèmes dans l'institution de la

A côté des effets juridiques attachés à la naissance d'enfants pendant le mariage, il existait encore, dans les pays soumis à l'influence germanique, une autre institution connue sous le nom de « *dévolution coutumière* » (1), qui avait imprimé à l'entravestissement de sang, quelques-uns de ses caractères propres.

Le droit de dévolution était, d'une part, l'attribution en nue propriété aux enfants communs, à l'exclusion des autres, et en usufruit, au conjoint survivant de tous les biens des deux conjoints, et d'autre part, le gain de la pleine propriété de tous les meubles des époux, au survivant d'eux. C'était une communauté universelle de tous biens, avec un pacte réciproque de survie qui donnait la masse des biens au conjoint survivant.

communauté conjugale, ne peut-être attribuée qu'au christianisme qui, considérant la femme non pas comme l'esclave, mais comme la compagne de l'homme, devait faire du mariage une société basée sur la participation des époux avec droit aux avantages comme aux charges de la collaboration commune. Cela est si vrai que nulle part, peut-être, le principe de la communauté et de l'entravestissement ne s'est développé avec plus d'énergie que dans les domaines allodiaux de l'abbaye de St-Vaast d'Arras, que dans les pays que cet apôtre de la foi chrétienne, dans le nord de la Gaule, a arrachés aux ténèbres de la barbarie, au commencement du VIᵉ siècle.

» L'entravestissément a donc pris naissance dans les forêts de la Germanie, chez des peuples qui considéraient le vagissement de l'enfant nouveau-né, comme l'événement le plus heureux de la vie conjugale, comme la consécration, par le sang, du droit de l'époux survivant à l'héritage de son conjoint, du chef et par représentation de l'enfant predécédé ».

(1) V. le Droit romain et le Droit celtique dans la Gaule. La communauté de biens entre époux, discours de Van Wetter, prononcé à Gand, le 18 octobre 1898. Paris, in-8º, 1898, pp. 29 à 45.

Cette institution, qui existait dans un grand nombre de statuts de villes allemandes (1) et que le développement du commere et de l'industrie, en même temps que l'accroissement chaque jour plus grand de la fortune mobilière avaient sans cesse élargie, avait sa source dans les principes germaniques des deux miroirs. Le Miroir de Saxe nous montre le mari, par suite du mundium, administrer les biens de sa femme, avec le droit de disposer des meubles de celle-ci, aussi librement que des siens propres et quand il survivait, conserver tous les meubles ou même s'il y avait des enfants, tous les biens propres et acquêts. Quand il prédécédait, la femme, outre ce qu'elle prenait des propres, en vertu de son morgengabe et de son douaire, héritait seule de tous les meubles, à l'usage de son sexe, et même dans quelques statuts du 13ᵉ siècle, par droit de réciprocité, de tous les meubles et de tous les acquêts. Dans le Miroir de Souabe cette succession particulière de la femme sur les meubles à l'usage de son sexe n'existait pas ; mais, il y avait une succession générale des meubles que la veuve partageait avec tous ses enfants. De plus, la femme avait une part d'enfant sur la masse entière de la succession composée des biens du mari, et de ses biens personnels.

De là sortit çe double régime de communauté universelle entre époux avec gain au survivant des meubles et de l'usufruit des immeubles, et de succes-

---

(1) Surtout en Alsace, à Colmar, Turkeim, ainsi qu'à Munster, Schlestat, Landau, etc.

sion *immédiate* en nue-propriété pour les enfants, qui
se répandit, sous des formes variables, dans une partie
de l'Allemagne, dans l'Alsace, le Brabant, et sous le
nom d'entravestissement dans les provinces du Hainaut, de la Flandre et de l'Artois (1).

Cette institution de la dévolution eut surtout pour
effet de protéger efficacement les droits des enfants
d'un premier mariage contre les conséquences
fâcheuses qui résultaient pour eux du remariage de
leur père ou de leur mère survivants.

Les biens dont le survivant était nanti par suite
du décès de son conjoint, étaient destinés, étaient
dévolus (d'où le nom de dévolution) aux enfants
communs nés du mariage dissous sans pouvoir passer à ceux qui naîtraient d'un second mariage contracté par le conjoint resté veuf. Ce dernier n'avait
que l'usufruit des biens immeubles dont la postérité
issue de la première union était nue-propriétaire.
Nous disons usufruit, quoique le terme soit peu
exact; car le survivant était toujours propriétaire,
mais son droit de propriété était frappé d'inaliéna-
bilité dans l'intérêt des enfants : Les coutumes d'entravestissement suivies en Artois diront qu'il était
« un *propriétaire bridé* ».

A Liège, le conjoint survivant n'était autorisé à

(1) V. De Salvandy, Thèse de doctorat, pp. 183 à 198.
Beaune, Cond. des biens, p. 541.
Discours prononcé par M. J. Van Wetter, recteur de l'Université
de Gand, le 18 octobre 1898. Paris, 1898, brochure in-8, le droit romain
et celtique en Gaule. Com. de biens entre époux.
Merlin, Rép. V° Dévolution coutumière.

vendre les biens, que pour son alimentation (1).

Dans la coutume de Chimay, le survivant ne pouvait pas, d'une façon absolue, disposer des immeubles au préjudice des enfants (2).

On rencontrait également ce droit à Fribourg en Brisgau. En 1120, Conrad, duc de Zahrengen, avait octroyé aux habitants de cette ville une charte, en vertu de laquelle le conjoint survivant ne pouvait vendre, ou détourner les immeubles quand il y avait des enfants issus du mariage. Ces immeubles réunis sur la tête du survivant en usufruit étaient inaliénables (3).

La coutume de Cambrai et du chef-lieu de Valenciennes contiendront des dispositions analogues. La première défendra (titre 7, art. 20) au survivant d'aliéner les biens dont il se trouve propriétaire à la mort du conjoint. La deuxième (art. 59, 126 et 127) réservera la 1/2 des biens en préciput aux enfants du premier lit et partagera l'autre 1/2 entre les enfants du premier et du deuxième lit (4).

Ce droit de dévolution nous apparaît ainsi comme le corollaire, le contrepoids nécessaire de la succession

(1) Discours de Van Wetter, p. 29.
(2) *Hoc loco*, p. 32.
(3) *Id.*, p 44.
(4) On sait que le droit de dévolution fut invoqué par Louis XIV, à la mort de Philippe IV, roi d'Espagne, quand ce prince réclama au nom de Marie-Thérèse, les provinces des Pays-Bas dépendant de la couronne d'Espagne. Philippe IV avait laissé une fille, la reine de France, issue du premier mariage, et Charles II, issu d'un deuxième. Louis XIV prétendit exclure ce dernier de la succession aux Pays-Bas et ses armes appuyèrent victorieusement sa prétention juridique.

réciproque reconnue à chacun des époux, en vertu du
régime de la communauté universelle. Le droit de
dévolution n'était pas un droit de succession, à proprement parler ; car on ne peut·être l'héritier d'un
homme vivant. C'était une destination légale de la
succession future du survivant, en faveur des enfants
qui n'avaient jusque-là qu'un droit réel expectatif
sur les biens dont le survivant restait nanti, comme
héritier de son conjoint prédécédé.

Pour nous résumer, l'entravestissement de sang
fut, au point de vue historique, le résultat de la combinaison de deux principes germaniques ; savoir :
d'une part, le gain de survie qui, par le seul effet de
la naissance d'un enfant suivi de son décès pendant
le mariage, opérait comme une transmission héréditaire, au profit du survivant des époux, de tous les
biens dont cet enfant aurait hérité, s'il avait survécu ;
d'autre part le droit de dévolution qui, en cas d'existence d'un l'enfant, attribuait à l'époux survivant
la propriété des meubles et l'usufruit des immeubles
du conjoint prédécédé.

§ II. — Des origines de l'entravestissement par lettres.

L'entravestissement par lettres, qui s'est toujours
maintenu, à côté de l'entravestissement de sang et
qui avait pour effet d'y suppléer quand ce dernier ne
pouvait avoir lieu, c'est-à-dire quand les époux

n'avaient pas eu d'enfants, était lui aussi conforme aux principes de la législation germanique.

La législation germanique, loin de prohiber les libéralités entre époux, les avait favorisées d'une façon toute spéciale. L'absence de communauté, la coutume de ne donner à la fille qui se mariait que des biens de peu d'importance, les droits successoraux de la femme réduits à peu de chose, rendaient d'ailleurs nécessaires ces libéralités. Le type de ces donations était « l'adfatomie » (1) qui, d'après Brunner (2), serait précisément l'origine de l'entravestissement par lettres. Les lois barbares ne nous donnent, malheureusement, que de très vagues renseignements sur cette institution.

Tout ce que nous pouvons dire, c'est que l'adfatomie était une donation à cause de mort, universelle, soumise à des formes solennelles, qui devaient s'accomplir devant le Thunginus ou le Centenier, en présence de plusieurs témoins. La loi Ripuaire (3) nous apprend, en effet, que les époux qui n'avaient pas eu d'enfants, pouvaient se donner tous leurs biens, par acte, ou par tradition, en présence du roi, assisté de témoins. « Si quis procreationem filiorum non » habuerit, omnem facultatem suam in præsentia

(1) Quelques-uns ont donné à ce mot le sens de tradition ; d'autres l'ont fait dériver de fatem, prendre, ce qui voudrait dire occupation ou acceptation de la chose donnée. D'autres font remonter l'origine du mot à faden, régler, disposer, qui se retrouve dans le mot hollandais havedom, habethum, possession (V. Ganz, Histoire des droits de succession, p. 58).

(2) Brunner, dans article cité p. 79.

(3) Titre XLVIII, Pertz Leges, t. I, p. 443.

» regis, sive vir mulieri, sive mulier viro, adoptare
» in hereditatem, seu per scripturarum seriem, seu
» per traditionem et testibus adhibitis adfitimi....
» licentiam habeat. »

De l'analyse et de l'interprétation de ce texte, se
dégagent plusieurs règles importantes. Les deux époux,
la femme comme le mari, ont la faculté de s'avantager, mais à de certaines conditions. Le texte suppose
que les conjoints n'ont pas eu d'enfants. Nous retrouverons cette idée dans l'entravestissement par lettres ;
d'autre part, il paraît résulter du texte que les conjoints n'avaient pas la faculté de se faire des libéralités
partielles ; les mots *adoptare in hereditatem* semblent
bien indiquer que l'adfatomie était moins une donation qu'une institution d'héritier. Celui qui n'a pas
d'enfants peut faire de son conjoint son véritable
héritier, tel est le sens du texte de la loi Ripuaire. Les
Capitulaires de Benoit Lévite (1) ne laissent d'ailleurs
aucun doute sur cette interprétation : *Qui filios non*
habuerit et alium quemlibet heredem « sibi facere »
voluerit, coram lege, vel coram comiti et scabinis, vel
missis dominicis... traditionem faciat. C'est l'application
de la même idée que nous rencontrons dans le texte
ripuaire. De plus cette institution d'héritier était universelle ; *facultatem omnem suam.* Le donateur devait
se dépouiller de tous ses biens sans restriction.

Une autre remarque s'impose. L'adfatomie ne
présentait aucun caractère de réciprocité. La femme
pouvait disposer de sa succession, au profit de son

(1) Liv. 6, cap. 212.

mari, sans que celui-ci fût tenu d'en faire autant vis-
à-vis de sa femme « sive vir mulieri, sive mulier
viro. » Mais la pratique dut faire voir de bonne heure
que cette législation était de nature à compromettre
les intérêts des femmes, car nous voyons dans les
textes postérieurs à la loi Ripuaire, que la mutualité,
la réciprocité est devenue la règle générale des libéralités entre époux.

Les formules de Marculfe contiennent, en effet, un
assez grand nombre de modèles de ces donations
mutuelles. La formule I. 12 est celle d'une donation
passée devant le roi ; le texte montre clairement les
changements qui se sont opérés dans la législation
nouvelle : « Igitur venientes ille et illa, ibi, in palatio
nostro, *pro eo quod filiorum procreationem inter se
minime habere videntur,* omnes res eorum inter se
per manu nostra visi sunt condonasse. Dedit igitur
prædictus vir ille per manu nostra jam dictae conjugi
suae illi villas nuncupantes illas, sitas in pago illo...,
cum terris, domibus..... similiter *in compensatione*
rerum, dedit prædicta femina ante dicto jugali suo
villas nuncupantes in pago ... si superstes fueris. »

Toutes les conditions que le texte de la loi Ripuaire
nous a fait connaître se retrouvent ici : l'inexistence
d'enfants du mariage, la solennité et l'universalité de
la disposition ; mais un caractère nouveau apparaît
qui n'existait pas dans la loi Ripuaire, c'est la mutualité et la réciprocité. Les libéralités que se feront deux
conjoints seront désormais unies l'une à l'autre, de
telle sorte que l'un des époux ne pourra plus avan-

-tager son conjoint sans recevoir de celui-ci « in compensatione », comme disent les textes, un avantage équivalent. Le don mutuel paraît être dans la seconde période de son histoire, moins une libéralité proprement dite qu'un contrat à titre onéreux do ut des.

Néanmoins, les vieux principes de l'adfatomie demeurent. Si le conjoint survivant n'est plus, à proprement parler, l'héritier institué de son conjoint prédécédé comme il l'était dans l'adfatomie, il n'en doit pas moins recueillir, par l'effet de la donation mutuelle, tous les biens, de quelque nature qu'ils soient, que le prémourant laissera à son décès. Les formules, en effet, nous montrent que toutes les donations mutuelles ont pour objet l'universalité des biens possédés par les époux ; on n'a pas à rechercher si les biens de l'un sont équivalents à ceux de l'autre. La réciprocité n'entraîne pas l'égalité (1). Les époux avaient même pris l'habitude, dans les actes de donations d'énumérer tous les biens qui leur appartenaient: « Propterea, dono tibi, o dulcissima conjux mea, si mihi in hoc seculo superstes fueris, *omnem rem* proprietatis meae, tam de alode quam et de comparato vel de quolibet adtracto, ubicumque aliquid habere videor, et omne quod pariter in conjugio positilaboravimus, id est tam in terris quam in silvis, campis, pratis, pascuis, perviis, appenditiis domibus, accolabus, mancipiis, vineis, cum aquarum decursibus,

---

(1) L'égalité absolue des biens sera au contraire la règle des dons mutuels à l'époque des coutumes rédigées par suite de l'influence française sur le droit germanique.

necnon aurum et argentum vestimenta, pecora cum omnibus quae dici vel nomine possunt.... » (1).

L'étude des actes d'entravestissement du moyen âge nous fera connaître dans leurs détails toutes ces règles que les rares documents de ces époques primitives ne permettent pas de préciser.

Après en avoir établi les limites géographiques, nous sommes ainsi arrivé à localiser historiquement l'institution de l'entravestissement, soit de sang, soit de lettres. Ses origines germaniques ne peuvent être discutées, et nous aurons, dans le cours de cette étude, bien souvent l'occasion de les rappeler lorsque s'affirmeront, dans les coutumes rédigées, et dans les décisions de jurisprudence, les tendances contraires de l'esprit du droit français.

(1) Formules de Rozière, p. 302, 1er vol. Voy. aussi Formulae Lindenbrogii L. col 524, de Baluze, t. II.

L'entravestissement au Moyen-Age

CHAPITRE PREMIER

L'Entravestissement de sang

L'histoire de l'entravestissement de sang, jus-qu'aux coutumes rédigées est très peu connue, étant donné que les sources du droit germanique comme celles du droit français n'en font même pas mention. L'examen des lois barbares et des formules nous a bien permis de préciser quelque peu, sous la forme plus générale du don mutuel, les caractères de l'entra-vestissement par lettres que l'étude des cirographes nous fera bientôt connaître aussi exactement que possible ; mais il nous a laissé ignorer ceux de l'en-travestissement de sang. Les textes du moyen-âge ne nous donnent pas non plus le moindre renseignement. Il n'y a rien là, d'ailleurs, qui doive étonner ; l'entra-vestissement qui se pratiquait dans les classes agri-

coles et bourgeoises était resté complètement étranger
à la noblesse, laquelle suivait les principes du mariage
avec douaire (1).

Comme, d'autre part, l'entravestissement avait
laissé en dehors de son action, tous les biens parti-
cipant des caractères de la tenure, et du fief en particulier (2), l'importance de cette institution se restreignit
à mesure que s'accentuait le régime féodal (3). Dans
ces conditions, l'on comprend comment à une époque
où les institutions intéressant la classe noble, et la
société féodale, absorbaient toute l'attention des juris-

(1) Brunner, article cité, p. 67.

(2) Le fief, était, par sa nature, incompatible avec les principes de
l'entravestissement; quand le fief était viager, comment le vassal eut-
il pu transmettre à son conjoint un droit de jouissance ? quand il
devint héréditaire, comment la femme eut-elle pu remplir les devoirs
du service militaire ?

(3) L'Église joua, dans cette matière, comme dans toutes les institutions matrimoniales, un rôle assez considérable, en s'efforçant de
maintenir entre époux la communauté de tout ce qui n'était pas fief.
Les meubles, par leur nature, échappaient aux règles féodales, les
légistes, inspirés par l'Église, trouvèrent-là, un moyen d'étendre le
domaine de la communauté, et de l'entravestissement par conséquent,
aux dépens de la féodalité. Une catégorie intermédiaire de biens entre
« l'immobile et le mobile », apparut : ce furent les *cateux* qui furent
assimilés aux meubles au point de vue successoral et matrimonial. En
Artois, vers 1300, est catel toute maison qui n'est pas construite à
chaux et à sable. (Tardif, anc. c. d'Artois, t. XXXIX, p. 90).

Dans le pays de Lalleue, jusqu'au 18e siècle, tout ce qui est construit
sur le sol sera des cateux (anc. cout. de Lalleue, art. 38, dans cout.
locales de la loy et échevinage d'Arras, Paris, 1776, p. 194). Voy. aussi
pour le 13e siècle, les textes qui considèrent la maison comme meuble
(dans Vanderkindere : Notice sur l'origine des magistrats municipaux,
p. 32).

Dans beaucoup de coutumes (Artois, tit. XXXIX, Lille, a. 49 et 58)
l'héritage qui ne produit pas un revenu annuel est catel. — (V.
Beaumanoir, ch. XXXIII).

consultes, l'entravestissement soit resté ignoré (1).

Néanmoins, nous possédons quelques rares documents qui suffisent à nous démontrer l'existence de notre institution au moyen-âge.

Pour la Flandre Wallonne, le ravestissement de sang paraît attesté (2) non pas, en nom, mais en fait, par une keure du Comte Balduin pour Grammont (Belgique), de l'année 1190 ; il y est dit ceci : « nato puero ex conjunctione legitima, si infra liminaria domus tantum auditus, statim obierit, moriente patre vel matre viventi hereditas et pecunia judicatur. » C'est presque dans les mêmes termes que cette formule est reproduite dans la confirmation de cette keure par le Comte Guido de l'année 1274. Il est facile de reconnaître, dans ce texte, le principe même de l'entravestissement de sang, l'attribution à l'époux survivant de la fortune du prémourant quand un enfant, né dans le mariage, est mort, après avoir poussé un cri.

Le coutumier de la salle de Lille (3) s'exprime ainsi, au chapitre des ravestissements: « Loys est en
» ceste ville que se bourgeois se marie et prent feme
» bourgeoise ou non, et ils ne ravestissent pas l'un
» l'autre, si le home a heritage propre et que les deux
» époux n'acquérent rien ensemble, ces héritages

---

(1) V. le Conseil de Pierre de Fontaine, les coutumes du Beauvaisis de Beaumanoir, les établissements de St-Louis. Jostice et plet, édit, Rapelti. — Coutumes d'Artois par Tardif, les Coutumiers du Vermandois. — Le grand coutumier de France, le style de du Breuil, ouvrages que nous avons feuilletés en vain.

(2) Cout. de Flandre. Quartier de Gand, t. III. Ed. Limbourg-Stirum, p. 5C9 (v. Brunner, article cité, p. 81).

(3) Manuscrit des fonds de la Bibliothèque de la ville de Lille.

» si le bourgeois meurt le premier, revient à ses hoirs
» sans rien demourer à la feme...

Le coutumier continue et prend l'hypothèse d'un
bien acquis pendant le mariage ; dans ce cas, toujours
s'il n'y a pas ravestissement, l'héritage ainsi acquis,
de même que les meubles et cateux se partagent par
moitié entre les époux ou leurs héritiers. Mais « si le
» home et feme ravestissent l'un l'autre, ou s'ils ont
» hoirs un ou plusieurs ensamble de leur char, vivant
» ou vivans ou si ly hoir ou li hoirs estoient mort ou
» morts, puis que ly hoirs ait eû vie et baptême, tout
» ly héritage qu'ils aroient ensamble aussi bien que
» ceux qui venroient du côté de l'home que cil qui
» venroient du côté de la feme, et tout ly meuble,
» catel qu'il aroient ensamble, ly homs et le feme
» demeurent du tout, sans parchonniers au dernier
» vivant sauf chou que ly ravestissement soit approuvés
» et cognus par devant eschevins, ou qu'il ayent eu
» hoirs ensamble de leur char qui vie ait eult et bap-
» tème si que dit est. »

Le livre de Jean-Roisin (1) reproduit les mêmes
dispositions : « Loys est en ceste ville que nuls tesmô-
» gnages, ne aultre ayuwe de ravestissement ne
» vault en ceste ville fors ayewe de eschevins. Et que
» ly ravestissements soit fais par devant eschevins. Et
» si on n'en a ayewe de eschevins ly ravestissemens est
» nuls ; s'ensy n'est que ly homs ou le feme aient
» eult hoir ensamble de leur char par loyal mariage ;

(1) Franchises, lois et coustumes de Lille. Brun-Lavainne, 1842, in-4°,
Lille.

» car s'ils ont eult enfans ensamble en mariage, ly
» ravestissemens est bons sans aler devant eschevins,
» soit ly enfans mors ou en vie (1) ».

Ces textes, nous font connaître avec une grande
précision, les conditions auxquelles se trouvait soumis
l'entravestissement de sang, dans la coutume de Lille,
au moyen-âge.

En premier lieu, deux conjoints ne pouvaient se
ravestir, à Lille, que s'ils étaient bourgeois de cette
ville ; il suffisait, d'ailleurs, que le mari le fût, puisque
la femme devenait bourgeoise par suite de son mariage
avec un bourgeois de Lille. Le livre de Jean Roisin
est, il est vrai, muet sur cette condition, mais c'était
un usage établi depuis longtemps et que consacrera
la coutume rédigée.

La naissance d'un enfant pendant le mariage était
la deuxième condition exigée par la coutume qui, sur
ce point, était d'une clarté parfaite : qu'au décès de
l'un des époux, l'enfant fût encore vivant, ou qu'il fût
déjà mort, l'entravestissement de sang avait lieu dans
un cas, comme dans l'autre, pourvu que l'enfant eût
vécu et qu'il eût été baptisé ; la condition de viabilité
n'était que l'application des principes du droit germanique que nous connaissons ; l'exigence du baptême,
au contraire, était le résultat d'une évolution plus

(1) Le livre de Jean Roisin, dans un article suivant, règle le cas
d'un veuf ou veuve remarié qui voudrait ravestir son nouveau conjoint.
S'il y a des enfants du premier mariage, le conjoint remarié doit assu-
rer à ces enfants leur part de succession par délibération d'un conseil
de famille ou par devant échevin.

récente. Cette particularité n'existait pas à l'origine.
Les jugements d'Etstuhl de Drenthe, au XVᵉ siècle,
et un rapport qui fut fait en 1557 sur le droit de ce
canton, prouvent qu'autrefois la naissance d'un
enfant vivant suffisait pour apporter certaines modifications au régime matrimonial pécuniaire (1). Au
contraire, les coutumes de Drenthe, de l'année 1572,
exigent que l'enfant ait reçu le baptême (2).

De même la keure promulguée par le comte Balduin pour la ville de Grammont, en l'année 1190, ne
fait aucune mention de cette exigence. Nous verrons
que la coutume de Lille de 1553 est également muette
sur ce point (3).

Les effets de l'entravestissement de sang, dans
notre coutume de Lille, étaient très importants : tous
les héritages acquis ensemble par les époux pendant
le mariage, comme aussi les héritages patrimoniaux
de chacun d'eux, avec les meubles, et cateux, restaient la propriété du dernier vivant sans que celui-ci
fût tenu de partager lesdits biens avec les héritiers
du prémourant. Le manque de documents ne nous
permet pas de savoir si la situation faite au conjoint
ravesti de sang, par la coutume de Lille, était ou non
conforme au droit commun des coutumes d'entra-

(1) Sources du Droit de Drenthe, p. 84. Rapport de 1557, § 60.
(2) Sources du Droit de Drenthe, publiées par Gratama, 1894,
p. 115, § 37.
(3) On retrouve cette condition du baptême dans le Droit provincial
de Gessenay, dans le canton de Berne (1598), et dans le Droit provincial
de Nordstrand (v. Huber, Hist. du Droit privé en Suisse, p. 437. Corpus
statutorum Slesvicensium, I, 468, III, rem. 241). Voy. H. Brunner,
(art. cité, pp. 65, 66 et 81).

vestissement, au moyen-âge. Toujours est-il que la coutume de Lille de 1553 restreindra les effets du ravestissement de sang aux biens meubles et héritages réputés pour meubles et il est fort possible que cette nouvelle disposition ait été empruntée à d'autres coutumes moins favorables au conjoint survivant.

Le coutumier de Lille est le seul texte qui nous fasse connaître dans son existence intime, l'entravestissement de sang au moyen-âge (1). Nous en sommes réduits, pour toutes les autres coutumes, aux simples conjectures qui trouvent leur point d'appui dans l'étude qui va suivre de l'entravestissement par lettres.

(1) Hoverlant, dans son Histoire de Tournai (1806, 105 vol. in-16), raconte qu'en l'année 1271, le radvestissement de sang entre conjoints, ayant enfants de légitime mariage, fut défendu par un règlement des trois consistoires (conseils d'échevinage) de Tournai. Ce règlement fut maintenu jusqu'en 1521, époque de l'homologation de la Coutume dans laquelle il fut réglementé par les articles 8 à 13 du titre 14. C'est tout ce que nous savons.

CHAPITRE DEUXIÈME

L'Entravestissement par lettres

Si l'histoire de l'entravestissement de sang, au moyen-âge, nous échappe, il n'en est pas de même de celle de l'entravestissement par lettres. Des actes nombreux, en forme de cirographe, ont été conservés aux archives des principales villes de Flandre et des Pays-Bas par l'étude desquels on se rend un compte exact de l'évolution suivie par notre institution depuis le XIe siècle, environ jusqu'aux coutumes rédigées (1).

Ces documents sont intéressants à plusieurs points de vue : Nous pouvons y prendre directement ce sentiment de la réalité des choses, cette vue concrète qui est indispensable pour la connaissance vraie d'une institution juridique. D'autre part, les diverses dis-

(1) Les actes de ravestissement n'ont pas été conservés aux Archives de Lille. Il n'en est pas de même à Tournai, Douai et Mons, où nous avons pu, aidé dans nos recherches par MM. les Archivistes, réunir un assez grand nombre d'actes de cette nature ; malheureusement la variété fait défaut dans tous ces actes, qui sont, pour la plupart, faits sur un même type. A Douai et à Mons, il est rare de rencontrer des clauses spéciales et originales. A Tournai, les actes sont plus complets et plus variés.

positions qu'ils contiennent, les clauses variées que les époux pouvaient être amenés à stipuler, suivant les circonstances, nous montreront comment l'entravestissement par lettres est arrivé à s'imposer aux besoins des populations, et comment il a pu se maintenir malgré les influences contraires du droit français (1). Ces actes nous permettront aussi de voir les étroits rapports qui les rattachent à ceux qui nous ont été rapportés dans les formules de Marculfe, et d'affirmer d'une façon plus précise encore l'origine germanique de l'entravestissement.

SECTION PREMIÈRE. — **Forme des actes.**

Assez courts et simples d'ordinaire, les actes de ravestissement étaient faits en forme de cirographe, c'est-à-dire qu'ils étaient rédigés en double ; l'un des doubles était délivré aux parties, l'autre restait entre les mains des autorités qui l'avaient reçu.

Tandis que les actes des archives de Douai et de Mons passent cette formalité sous silence, les actes des archives de Tournai sont, au contraire, très explicites sur ce point.

Ces actes se terminent, la plupart du temps, par

(1) L'entravestissement par lettres était arrivé, comme nous le verrons, à être, dans les pays où il se pratiquait, la forme usuelle de toutes les conventions matrimoniales; il tenait lieu à la fois de contrat de mariage, de testament et de donation. Même quand un contrat de mariage avait été fait, il arrivait souvent que l'entravestissement par lettres se substituait à lui pour le rendre inefficace. On comprend ainsi pourquoi la règle du Droit français de prohibition de libéralités entre époux ne put jamais atteindre cette vieille institution germanique.

des formules dans le genre de celle-ci : « Pour cou
» que ce soit ferme chose estaule et que nul tors n'en
» soit fait par ouvlit, ne par allongement devant si
» en est faist cirografes et livrés as eskevins de St-
» Briche » (1) ; ou encore : « Et pour chou que ce
» soit ferme cose et estaule, si en est chius escris
» fais par le volenté des dis conjoints et livrés à leur
» requestes en le main et en le warde des eskevins
» de Tournai » (2). La formule est quelquefois plus
claire encore : « Et pour ce que ce soit ferme chose
» et vestable, cest escrit de ravestissement en est
» fait en 2 parties dont les dis conjoints wardent la
» seconde partie et la première partie est par l'accort
» et requeste des dis conjoins qui présens furent
» au délivrer mise et livrée es mains et warde des
» eskevins » (3).

Tous les actes de ravestissement que nous avons
retrouvés étaient faits par acte entre vifs par les
époux ; néanmoins, ceux-ci avaient la faculté de se
ravestir par testament conjonctif. Les archives de
Douai nous en ont laissé un exemple assez remarquable (4). Il s'agit d'un testament de Willaume
Isembar Cavete.

Willaume commence par laisser à sa femme ses
meubles et tout son catel (ses effets mobiliers) à la

(1) Acte de St-Brice de 1250. Archiv. de Tournai. On rencontre la
même formule dans un acte de 1237, dans un autre du mois d'avril 1250,
et un autre du mois d'août 1250.
(2) Acte de 1350 (Archiv. Tourn.).
(3) Acte de 1400 (Archiv. Tourn.).
(4) Acte de 1252 (Archiv. des Hospices de Douai).

condition qu'elle paiera ses dettes et rendra, par le
conseil de la sainte Église, tout ce qu'il aurait du bien
d'autrui, par male raison. Puis il lègue à sa femme, et
après elle, à Willaume Porcelès, son neveu, une
maison sise à Douai, rue de Bellain, avec faculté pour
sa femme, si elle tombait en pauvreté, ou dans le
besoin, de vendre et engager cette maison par le conseil des échevins afin d'avoir son boire et manger. Puis
il entravestit son épouse, survivante de tout ce qu'il
aura, selon la loi de la ville, et la femme intervenant,
de son côté, au testament entravestit son baron de
ce qu'elle laissera à son décès. Il se réserve le droit
de révoquer et de rechanger ces conditions à sa
volonté.

Les formalités des actes de ravestissement étaient
plus ou moins rigoureuses suivant les coutumes. A
Tournai, comme à Douai, l'acte n'était valable que si
les deux conjoints étaient venus se présenter devant la
justice échevinale. Peut-être, avait-on voulu protéger la
femme contre l'influence de son mari, et lui faire
comprendre, pour la cérémonie, l'importance de l'acte
qu'elle allait accomplir. A Tournai, toutefois, les exigences étaient bien plus grandes qu'à Douai. Un
journal tenu de 1609 à 1611 par un échevin de
Tournai, Philippe de Hurges (1) nous raconte la
cérémonie, en ces termes : « Le mercredi 6 octobre
1609 furent tenus les plaids du bourg en notre salle

(1) Extrait des mémoires d'eschevin de Tournai par Philippe de
Hurges, publié dans les mémoires de la Société historique de Tournai,
tome V, p. 106, Tournai, 1855.

echevinale auxquels y eut fort grande assistance de
peuple et furent lues, en public, toutes les main assises,
puis, s'il se présente quelque ravestissement, on le lit,
et de là, on interroge la femme, en secret, si c'est de
sa pleine et pure volonté qu'il se fait, à quoy si elle
répond qu'ouy, on lui commande de baiser son mary,
ce qu'étant fait, on les tient pour ravestis, et leur est
donné une lettre chirographiée, sur un autre qui
demeure en notre ferme (1).

Rien de semblable n'existait à Douai, où la
comparution des époux, devant les échevins, pour
assister à la lecture de l'acte, était simplement
exigée.

A Mons, il n'était même plus besoin de la présence
de la femme ; le mari, seul, se présentait devant les
autorités compétentes. Cet usage suivi dans la coutume de Mons est d'autant plus à remarquer qu'il
n'existe nulle part ailleurs. Dans les coutumes de
Flandre et d'Artois, la présence des deux époux était
exigée, à peine de nullité du ravestissement. A Mons,
au contraire, le mari stipulait à la fois pour sa femme

(1) Le baiser, dont il est parlé, et que nous retrouverons dans les
actes d'entravestissement de la coutume d'Arras, n'était pas exigé, à
peine de nullité du ravestissement. C'était un usage suivi par la coutume
de Tournai. A ce sujet, Hoverland, dans son Histoire de Tournai (Tournai,
1806, 105 vol. in-16), volume de l'année 1271, dit « que cette joyeuse
cérémonie incombant aux époux de se régaler mutuellement d'un tendre
baiser en plein plaids du bourg, par devant les Mayeur et eschevins,
prêtait à rire, à l'audience surtout aux suppots de la Basoche et pour ce
motif le ravestissement s'appelait bezotte ».

Nous devons, pour nous, expliquer le mot autrement : c'est le mot
du vieux français très connu : baisotte, qui n'a aucun rapport avec la
Basoche.

et pour lui-même : cette singularité s'explique, par ce
motif que les meubles et les catels seuls entraient
dans le ravestissement ; comme le mari pouvait, en
vertu de ses pouvoirs d'administration de la communauté, disposer de ces biens, soit à titre gratuit, soit à
titre onéreux, au profit de tiers, on n'eut pas compris
qu'il ne pût pas en disposer au profit de sa femme.
Les termes dont le mari se servait, dans les actes de
ravestissement, montraient clairement que celui-ci
entendait disposer, en maître, de choses lui appartenant : voici par exemple une formule d'un acte
de 1414 : « N..., mari de N..., de sa bonne volentet,
niens constrainc, a congueut que de tous *ses* meubles
et catels, entirement il voloit faire ravestissement, au
darain vivant de lui et de se feme, et pour ce fu, il
que a celle fin et entente dist que il volloit, veult,
conceda et *ordena* que tout li bien meuble et cattel
entirement qu'il avoit et avoir poroit en quelconques
manières, et en quel lieu que ce fust u peuist y estre
à camp et à ville au jour du premier trepasset, de lui
et de se dite feme, soient demeurèchent et appartien-
gnent à celui diaus les dis deux conjoins qui demora
darain vivans..... (1).

Les actes de ravestissement devaient, pour être valables, être reçus par des autorités publiques. Ces autorités étaient les échevins municipaux. Toutefois, dans la
coutume de Mons, ces actes pouvaient indifféremment
être passés, soit devant les échevins, soit avec

(1) Acte du 13 juillet 1414. Arch. de Mons.

l'ayuwe de la ville, soit encore devant les jurés (1). Partout ailleurs, seuls les échevins étaient compétents pour recevoir les ravestissements. La qualité d'échevin n'était d'ailleurs pas bornée, dans nos coutumes de Flandre, du Hainant et d'Artois, aux officiers municipaux des villes qui jouissaient du droit de communes; elle s'étendait aussi aux gens de loi des villages, c'est-à-dire aux officiers que les seigneurs établissaient dans leurs terres pour administrer la justice à leurs vassaux.

Ce n'était pas en leur qualité d'officiers municipaux, ni même de juges, que les échevins intervenaient ici, mais bien comme ministres des contrats passés entre leurs justiciables.

Dans le royaume de France, les juges furent assez longtemps les seules personnes publiques dont la présence et la signature pût donner aux actes un caractère d'authenticité.

Les notaires, qui furent créés, dans la suite, commencèrent par partager ce droit avec eux, et ils finirent par les en exclure.

Dans les Pays-Bas, au contraire, tant que ceux-ci furent soumis à la domination autrichienne, les échevins avaient été regardés comme les ministres légi-

(1) *Devant les jurés* : actes du 6 septembre 1415, du 13 septembre 1415, du 12 octobre 1415, du 20 janvier 1416 (n. st.)

Par l'ayuwe de la ville : actes du 15 novembre 1414, du 26 novembre 1415, du 27 septembre 1415, du 2 octobre 1415, du 11 octobre 1415, du 14 décembre 1416.

Devant les échevins : actes du 13 juillet 1414, 21 juillet 1534, 4 septembre 1414, 3 décembre 1414, etc.

Les actes passés devant les échevins sont beaucoup plus nombreux.

times de toutes les espèces de contrats, et d'actes publics. Les entravestissements, en raison de leur importance, et dans le but surtout de protéger les inté-rêts des femmes, furent soumis au contrôle de la justice échevinale et ne purent jamais s'y soustraire (1).

Section deuxième. — Conditions de fond des actes de ravestissement.

On ne peut dire, d'une façon certaine, si l'existence d'enfants était, par elle seule, un obstacle au ravestissement de lettres qui se serait alors substitué au ravestissement de sang à raison surtout des avantages particuliers que les époux auraient pu stipuler dans le premier. Dès l'an 1228, apparaît dans les actes de Douai une formule qui se maintiendra dans tous les actes postérieurs. Les époux se ravestissent de tout ce qu'ils ont et de tout ce qu'ils auront : « *à oir ou sans oir* », c'est-à-dire, soit qu'ils aient ou n'aient pas d'héritiers. Cette clause, assez vague d'ailleurs, s'appliquait-elle aux enfants nés ou à naître du mariage, comme à tout autre héritier ? Cette hypothèse est très admissible. En effet, dans le testament mutuel de 1252 que nous

(1) Louis XIV, qui, dans ses édits de 1675 et de 1692, créa des notaires royaux dans le ressort du Parlement de Flandre, laissa leurs privilèges aux magistrats des villes ayant un scel échevinal. Néanmoins les échevins continuèrent, par la force de l'usage, à recevoir les entravestissements. De même en Artois, par exception à la règle, il fut permis aux échevins de recevoir, à l'exclusion des notaires, les actes de dernière volonté et les entravestissements. Cela eut lieu en Flandre, Hainaut et Cambrésis. V. Merlin, Répertoire, v° échevin, p. 473 et 474, 4° édition.

avons analysé, le testateur, après avoir entravesti sa femme, déclare que s'il laisse un héritier de sa chair il veut que tout ce dont il a disposé reste, sauf quelques exceptions, à cet héritier du sang ; et que si cet héritier du sang vient à mourir, sans hoirs de lui, tout demeure stable. Ce testament semble donc bien démontrer que l'entravestissement de lettres pouvait être substitué à l'entravestissement de sang, et pouvait avoir lieu, nonobstant l'existence d'enfants. Sans doute, l'intérêt des enfants nés du mariage commandait certaines mesures protectrices, contre les aliénations et les abus de jouissance du survivant des époux entravesti ; mais il nous paraît que cet intérêt était sauvegardé ; car, après la formule : « à oir ou sans oir » les actes ajoutent : « parmy la loy de le vile » ce qui semblerait montrer que déjà, à cette époque, des prescriptions réglementaires auraient été édictées.

Tout au contraire, les actes de Tournai et ceux de Mons sont muets sur cette clause. On lit dans un acte de 1216 des archives de Tournai, que Hue li Rous et li dame Margerite se feme sunt raviestit de co qu'ils ont et de co qu'ils aquerre poront en lors vies ; — sans rien ajouter de plus ; et dans aucun des actes postérieurs nous ne trouvons une allusion directe ou indirecte à l'existence d'enfants du mariage.

Cependant nous lisons dans la somme rurale de Bouteillier que la coutume locale de Tournai veut que deux conjoints qui n'ont pas d'enfants légitimes peuvent se ravestir de tous leurs biens meubles et de leurs héritages. Donc déjà, à l'époque où a été composée la somme rurale, la condition de l'inexistence d'enfants était déjà requise pour la validité du ravestissement par lettres ; — mais en raison du peu de précision des actes il nous est impossible de savoir si la coutume a toujours présenté ces caractères.

A côté de cette première condition, les actes n'en indiquent pas d'autre. Il n'y est question ni de l'égalité d'âge des conjoints, ni de l'égalité de santé. L'égalité de biens n'est pas non plus exigée. A tous ces égards, toutes les formules sont muettes, les plus anciennes comme les plus récentes.

Section troisième. — Caractères et effets des actes de Ravestissement.

La première question qui se pose est celle de savoir sur quels biens le ravestissement pouvait porter. A cet égard, les actes les plus anciens sont très vagues et ne nous font rien connaître. On rencontre, par exemple, des formules comme celles-ci : « Ce sacent tot cil qui ces letres veront et oront que Willaumes li porteres de seil a ravestue Sarain, se feme, *de quanque il a, et conquerre porra* (1) ou bien encore : « Ce sacent li escieven Ki sunt et ki avenir sunt que hue li Rous et li dame Margerite se feme, sunt raviestit de co quil ont et co quil aquerre poront en lor vies » (2).

Ces formules se conserveront, à Douai du moins,

(1) Acte de 1228 (arch. de Douai, publié dans Talliar, Recueil d'actes de la langue romane, p. 80.)
(2) Acte de 1216 (arch. de Tournai).

jusqu'à la fin du 14ᵉ siècle ; c'est alors qu'apparaîtra
une énumération plus restrictive des biens dont les
conjoints pouvaient s'entravestir (1).

Mais combien plus variées et plus intéressantes
sont les formules que nous offrent les actes de Tournai. Un acte de 1250 nous montre deux époux se
donnant par ravestissement « quant quil ont et quant
quil oront, en meules et irètage, en sec et en vert. »

Cette énumération ne limite en aucune façon la
portée du ravestissement ; car, en fait tous les biens
.appartenant aux conjoints de quelque nature qu'ils
soient, sont compris dans la disposition. Mais, à
Tournai, le ravestissement par lettres n'avait pas
toujours la même étendue. Dans un acte de 1250, l'on
voit deux époux s'entravestir ensemble de la maison
qu'ils habitent. Dans un autre de l'année 1280 « Oliviers
li maulekiniers et dame Magrite li maulekinière,
se feme, se sont raivestit en plain plet géneral don
boure de tous leur meules, et de tous leurs cateux
kil ont et quil oront devens le justice de Tornay, et
de leur maison et de leur hiretage là où ils mainent
au jor d'uy... »

Cette division tripartite des biens en meubles
cateux et héritages, devient dans les actes de 1350 et
dans les actes postérieurs la formule courante. Puis
la désignation des biens se précise encore davantage
dans les actes de 1400, et de 1450 où le ravestissement porte sur les meubles, cateux, héritages, cens

(1) Un acte du 6 août 1398 (arch. de Douai F.F. 598), parle des meubles *cateux*, immeubles et héritages situés audit échevinage.

et rentes quelconques que les époux ont et oront et acquérir parront ensamble dans la justice et juridiction de Tournay. »

Ainsi donc, à Douai, comme à Tournay, à quelque époque que l'on se place, les effets du ravestissement se trouvaient être très étendus. Tous les biens des deux époux, meubles et immeubles étaient engagés dans la disposition (1). La coutume de Mons, au contraire, était beaucoup plus restrictive. En principe, les immeubles étaient exclus du ravestissement; celui-ci ne comprenait que les meubles et les cateux. Tous les actes sont faits dans la forme et la teneur de celui-ci. « Le mari devant les échevins de se frenque volentet, dist et congneut qu'il voloit et ordonnoit que tout li bien meuble et catel qu'il et se dite feme avoient par le présent et avoir poroient au temps avenir, fuist et appartenissent audarain vivant diaus les dis conjoints et que lequel dis darain vivant li en peut faire à se volonte comme de chose lui appartenant (2) ». Dans un acte du 21 juillet 1534, un mari ravestit sa femme de tous ses biens meubles, joyaux, dettes et catels possédés par les deux époux ou qu'ils pourront acquérir par la suite. Nulle part il n'est question des immeubles, lesquels étaient complètement exclus du ravestissement.

(1) Nous avons vu que la coutume de Lille donnait au Ravestissement de sang des effets aussi étendus.

(2) Acte de 1414, 13 juillet (Arch. de Mons). On ne rencontre pas, à Mons, d'acte antérieur à l'année 1414; mais à partir de cette époque les actes sont très nombreux et on peut en compter une centaine tous les ans.

Bien que le ravestissement affectât l'universalité des biens de chacun des conjoints, l'usage s'était introduit dans les coutumes de Douai et de Tournai de se réserver une petite somme destinée le plus souvent à des legs pieux.

Ces clauses se rencontrent dans tous les actes de ces coutumes. La plupart du temps les conjoints, après s'être ravestis de tous leurs biens présents et à venir, stipulaient que « cil qui premiers morra pora doner por deu et en almosne cent sols et ses dras » (1). Quelquefois, chacun des époux se réservait séparément la faculté de donner ou léguer certains de leurs biens à qui ils voudraient. Ainsi, dans un acte de 1260 (2) le mari stipule que s'il meurt le premier « il puet donner pour Dieu et en aumosne la ou il volra a sa volontet jusques à CC livres de parisis, et son keval et sen fier pour armer trestout. » De son côté, la femme stipulait qu'en cas de prédécès « elle puet donner pour Dieu et en aumosne la u ele volra a se volontet jusques a C libres de parisis et tous ses dras viestans lignés et lagnés. »

Fort intéressante est la clause d'un acte de 1280 (3). Chacun des époux y stipule qu'il « puet donner et aumosner la ou il volra, a se volontet XL l. de torn, à prendre as plus aparans meules et cateux kil ont et kil oront devens la justice de Tornay. Mais si la valeur des meubles et cateux est inférieure, ils facent ces dons

(1) Acte de 1217 des arch. de Tournai.
(2) Acte de 1260   id.
(3) Acte de 1280,   id.

et aumosnes à l'avenant ; que si, au contraire, la valeur est supérieure à l'importance de ces legs, que l'excédent reste au dernier vivant ».En d'autres termes, chacun des époux n'était tenu de ces legs qu'« intra vires successionis », sans toutefois que les immeubles pussent en être grevés ; seuls les meubles et les cateux répondaient des dettes et charges du ravestissement.

Un acte de 1250 des archives de Tournai dont nous avons déjà eu l'occasion de parler, contient, à notre point de vue, une clause originale. Deux époux se sont ravestis de leur maison ; puis ils y mettent la condition que « chacun puet donner por Deu et en aumosne le sienne partie de la maison là u il volra, et si li uns u li autres ne voloit donner le partie, toute li maison demeurroit à celui qui survi- veroit et à son hoir ».

Mais, au XIVe siècle, les formules se transforment. Dans tous les actes que nous venons d'analyser la destination des legs réservés était bien caractérisée : « Por Dieu et aumone » ; seuls les legs pieux étaient permis ; mais peu à peu le caractère charitable dis- paraît et les époux peuvent se réserver le droit de disposer de tel et tel bien au profit de qui ils voudront.

Dans un acte de 1307 (1), le mari donne, après son trépas à Keteline, fille Jean Pavellon, tout son manoir qu'il a à Wagneville à faire toute se volenté, comme de sen yretage. »

Un acte de 1350 des archives de Tournai est très précis et montre bien l'évolution accomplie : « Jehans

(1) Arch. Douai, FF, 584.

don Tresson et Aelis sa feme se sont ravestis de tous leurs biens sis en la justice de Tournai, à condition que le mari qui irait de vie à mort devant sa feme poroit donner, aumoner, et faire se volentet là où il li plairoit *et à qui que il volroit*, tous ses draps, viestans, lignés et lagnes et ses armures à sen corps appartenans. De son côté la dite Aelis, pourrait également donner à qui elle voudrait tous ses draps, viestans, lignés et lagnes, ses capperons, ses warcolais et tous les joyaux à son corps appartenans. »

Dans un autre acte de 1360, de Tournai, chacun des conjoints se réserve la faculté dé donner à qui il voudra CC florins d'or à prendre en ses plus apparans biens (1).

Le soin avec lequel les époux en se ravestissant, se réservaient certaines sommes pour legs, ou autres libéralités s'explique par le caractère irrévocable du ravestissement. Par l'effet de cet acte, les époux perdaient le droit de disposer des choses comprises dans le ravestissement, mais seuls les actes à titre gratuit, soit entre vifs, soit testamentaires restaient prohibés.

Néanmoins, l'irrévocabilité du ravestissement portait atteinte aux droits que le mari tenait de sa qualité de « seigneur et maître de la communauté. »

S'il est vrai que celui-ci pouvait disposer, comme il l'entendait, des biens, meubles et cateux, soit directement en les vendant, soit indirectement, en contractant des dettes qui restaient à la charge du conjoint

(1) La même formule se rencontre dans les actes de 1400 à 1450.

survivant ravesti, néanmoins chacun des époux devenait incapable de modifier l'assiette immobilière de
l'entravestissement ; le ravestissement, opérant réu-
nion en une seule masse des deux patrimoines des
époux, devait demeurer tel, tant que du moins, les
deux époux n'auraient pas manifesté une volonté
contraire. Les actes du 14ᵉ siècle s'expriment sur ce
point avec une netteté et une précision remarquables.

« Ii dit conjoint tant qu'il viveront ensanle, retien-
nent plains pooir de leurs héritages, tous ou en partie
vendre werper ou arrenter se il leur plait ; *mais que
che soit par le gret et l'ottroy* de l'un et de l'autre. —
Mais, ces actes de disposition, quoique faits d'accord
entre les deux époux, ne pouvaient sortir leur effet
qu'après la mort du dernier vivant d'eux. « Si il y
avait nul diaus d'eux qui se partie de leurs héritages
volvist donner aumonsner ou en aucune manière,
empêcher faire le puet, mais que ce soit à prendre
après le dechies diaus d'eux » (1).

De plus, pour que le ravestissement pût recevoir
des modifications, il fallait que les époux se présen-
tassent à nouveau devant les échevins : « Chi ravier-
tissement li dessus dit conjoint, de l'accord diaus deux
le pueent par devant eckevins muer canghier ou rap-
peller s'il leur plaît. » On exigeait donc pour faire
tomber, en tout ou en partie, le ravestissement les
mêmes solennités que pour le former.

Après la dissolution du mariage, le conjoint survivant devenait propriétaire de tous les meubles et

(1) Acte de 1250. Arch. Tournai.

cateux, à charge des dettes. Mais, il n'en était pas de
même des héritages. Les actes des 12e et 13e siècle ne
précisent pas les pouvoirs et les droits qui étaient attribués au survivant. Etait-ce un simple droit d'usufruit ?
ou bien un droit plus étendu ? On ne le saurait dire :
Un acte de 1280 (arch. Tourn.) stipule par exemple que
« le dernier vivant tenra la maison et l'iretage toute
sa vie et après le deciès del darrain ira le héretage as
drois oirs ki adont seront des deux parties. »

Mais les actes du 14e siècle sont plus explicites.

Il est toujours vrai que le survivant « tenra paisi-
vlement toute sa vie les hiretages (1) » ; mais il y est
stipulé que celui-ci « aura volente de le siene partie
di leur hiretages vendre, awerp, donner, ou aumosner, sans empecchier le partie de celui qui premiers
seroit trespassé. »

Ainsi donc, l'indivisibilité du ravestissement si
fortement établie pendant le mariage disparaissait au
moment même où ce ravestissement sortait son effet ;
les biens immeubles de chacun des époux reprenaient
leur individualité de façon à reconstituer les parts
respectives des époux que le ravestissement avait
réunies en une seule et même masse. Tandis que le
survivant recouvrait sur ses biens son droit absolu
de propriété il ne pouvait, au contraire, exercer sur
les biens de l'époux prédécédé que les droits viagers
d'usufruit. A sa mort, la part de chacun des époux
dans les immeubles, revenait à leurs héritiers respectifs.

(1) Acte de 1350, de 1400 et 1451, archives de Tournai.

Tels sont les principaux caractères qui se dégagent des actes de ravestissement. Bien que les clauses qu'ils renferment soient assez peu variées, leur étude aura du moins eu cette utilité de nous démontrer que depuis les formules de Marculfe jusqu'au moment où s'ouvre la période moderne, l'institution du don mutuel ou ravestissement par lettres était restée entièrement conforme aux principes germaniques, sans subir les influences de la législation française, qui, dans toutes les autres coutumes, au contraire, était en lutte avec ces vieux principes. C'est ce que nous allons voir.

TROISIÈME PARTIE

Époque moderne
(XVIme au XVIIIme siècle)

CHAPITRE PREMIER

Introduction. — Histoire du don mutuel

Pendant que, dans les coutumes de Flandre, le don mutuel, sous l'influence de l'entravestissement de sang, dont il avait emprunté le nom, s'était maintenu avec tous les caractères que les formules de Marculfe et de Rozière nous avaient fait connaître, dans le reste de la France coutumière, au contraire, il s'était profondément modifié. Ces changements s'étaient opérés sous l'action du droit Romain qui, pénétrant dans le droit français, menaçait toutes les vieilles institutions germaniques. Tandis que Beaumanoir (1) et Pierre des Fontaines (2) reconnaissent encore aux

(1) Coutumes de Beauvoisis, XII, 4.
(2) Conseil, XXXIII, 14.

époux une liberté pleine et entière de se faire des libéralités pendant le mariage, les ouvrages postérieurs tels que ceux de Jacques d'Ableiges (1), de Bouteillier (2), de Jean Desmares (3) nous apprennent que les libéralités étaient prohibées entre conjoints et reconnaissent dans cette règle de prohibition une conséquence directe de l'apparition dans notre droit coutumier de la législation romaine.

Mais si le don mutuel, profondément enraciné dans les habitudes nationales, sut triompher des attaques des jurisconsultes trop épris de droit romain, ce ne fut qu'à la condition d'une réglementation étroite qui avait eu pour effet d'en masquer le caractère libéral. « Ad hoc quod donatio mutua inter virum et uxorem valeat, opertet quod sit aequalis et utroque sano stante sit facta », dit Jacques d'Ableges. L'égalité parfaite entre la disposition de chacun des époux, fut, en effet, la condition essentielle à la validité du don mutuel ; et cette égalité fut comprise de telle façon que le don mutuel était déclaré nul s'il existait entre les époux soit au point de vue de l'âge, soit au point de vue de la santé, soit à celui des biens, une disproportion qui aurait eu pour effet d'avantager l'un des conjoints aux dépens de l'autre. Pour se soustraire aux difficultés que n'aurait pas manqué de soulever l'appréciation de l'équivalence des biens donnés par chacun des époux, on arriva à limiter aux meubles et aux immeu-

(1) Grand Coutumier, ch. XXXII, liv. 2.
(2) Titre XCIX.
(3) Décisions 235.

bles de communauté le droit de disposition des conjoints ; cela permettait en effet d'établir une égalité parfaite de vocation, par suite du partage par moitié des biens communs. Par sa facilité d'application cette règle fit fortune et devint le droit commun des donations mutuelles. Enfin, dans le but de protéger le droit successoral des parents, les jurisconsultes en arrivèrent à restreindre l'avantage qu'il était permis au conjoint survivant de retirer du don mutuel, à l'usufruit de la portion du prédécédé dans la communauté.

Ainsi, au moment où les coutumes vont être rédigées, le don mutuel peut se définir une donation égale et réciproque que se font deux conjoints, privés d'enfants, à condition de survie, de la jouissance des biens de communauté. De la sorte, le don mutuel, sans heurter de face, la règle de prohibition des libéralités entre époux s'harmonisait avec le régime matrimonial de droit commun ; tandis que le patrimoine propre de chacun des conjoints était réservé à leur famille, le survivant conservait la jouissance des meubles et immeubles communs dont il se voyait contraint de partager la propriété avec les héritiers du prédécédé.

Cette étroite réglementation ne s'est jamais imposée à l'entravestissement par lettres, qui, par l'action qu'exerçait sur lui l'entravestissement de sang, conserva toujours ses caractères germaniques. Une fois que nous aurons précisé les conditions d'existence et les effets du nouveau don mutuel dans les coutumes

de France, nous verrons clairement comment ces deux
institutions, communes à l'origine, ont pu, sous l'influence de deux législations d'esprit différent, se
séparer au point de perdre entre elles tout point
de contact (1).

Les règles nouvelles auxquelles le don mutuel
s'était trouvé soumis, avaient eu pour effet d'en masquer le caractère libéral. Cela est si vrai que Ricard (2)
en arrive à se demander si le don mutuel constitue
une véritable donation et qu'il n'hésite pas à se pro-
noncer pour la négative ; « étant égal des deux côtés,
» dit-il, le don mutuel est un contrat do ut des, une
» espèce d'échange fait avec le hasard de la survie,
» et un moyen d'acquérir de part et d'autre qui doit
» passer au rang des contrats à titre onéreux, d'au-
» tant que les parties, en ce faisant, n'ont nullement
» pour motif la libéralité qui est l'âme de la donation.
» Ils sont plutôt poussés par l'idée de profiter au pré-
» judice l'un de l'autre ; le prix du contrat est le
» hasard auquel s'est mis le donataire de perdre
» autant de ses biens, en cas de prédécès, qui fait
» qu'il profite de ceux du donateur s'il lui survit ».

1 CONDITIONS DE VALIDITÉ DU DON MUTUEL. — a)
Conditions de forme. — Bien que le don mutuel, par

(1) La connaissance exacte des règles du don mutuel nous a paru
d'autant plus utile que les jurisconsultes et la jurisprudence des XVII
et XVIII siècles feront constamment appel à la théorie du don mutuel
pour trancher les controverses qui s'élèveront sur l'application de
l'entravestissement par lettres, et nous donneront l'occasion d'assister à
la lutte qui s'engagera entre les traditions germaniques et l'esprit du
droit nouveau.

(2) Ricard, Traité des donations, t. 2, Paris, 1688.

son caractère d'acte à titre onéreux ne fut pas soumis
à la formalité de l'insinuation comme l'étaient les
donations, l'usage contraire s'établit. Suivant l'article
284 de la coutume de Paris, le don mutuel devait être
insinué dans les quatre mois, et après cette insinuation, il ne pouvait plus être révoqué que du consentement des deux parties. Mais cette mesure qui, pour les
donations, était prise dans l'intérêt des tiers et des
héritiers des donateurs eut, ici, un tout autre objet.
On vit là, un moyen très pratique d'empêcher que
le mari n'abusât de son autorité, car, sans cette formalité, un mari aurait pu profiter du don mutuel
que lui aurait consenti sa femme, sans que celle-ci
pût tirer aucun avantage de celui que lui aurait
fait son mari ; pour cela, il aurait suffi à celui-
ci de passer l'acte de don mutuel devant un notaire
inconnu à sa femme et la mettre dans l'impossibilité
de trouver cet acte, si elle venait à lui survivre. Pour
la même raison, l'insinuation n'était nécessaire que
pour la donation mutuelle de la femme ; néanmoins le
défaut d'insinuation de la donation du mari aurait pu
être invoqué par les héritiers de la femme pour faire
annuler la disposition. Quant à l'endroit où l'insinuation devait être faite, c'était au lieu du domicile des
époux, et non au lieu de la situation des biens.— Dans
les coutumes muettes, la question de savoir si l'insinuation était exigée, était discutée. Mais l'article 2 de
l'ordonnance de 1703 (1) fit cesser toute controverse,

(1) « Voulons, dit cet article, que toutes donations entre vifs
ou à cause de mort, soit de meubles ou immeubles tous dons mu-

en appliquant cette formalité à toutes les coutumes.

En dehors de l'insinuation, le don mutuel était encore soumis à la nécessité d'un acte notarié comme toutes les donations ; cette condition dont l'objet était de faire obstacle à la fraude, était exigée à peine de nullité.

La question était discutée de savoir si la donation mutuelle, pour être valable, devait être faite par un seul et même acte : L'opinion de Ricard selon laquelle était valable une donation mutuelle et réciproque faite par deux actes séparés, paraît avoir été suivie, en pratique (1).

b) *Conditions de fond.* — D'après la coutume de Paris, et beaucoup d'autres, les conjoints devaient, pour faire un don mutuel, être communs en biens. Cette règle était fondée sur ce que le droit de se faire un don mutuel n'avait été attribué aux époux qu'en considération de leur communauté de biens, et comme une récompense de leur travail commun pendant tout le temps qu'avait duré leur mariage.

La plupart des coutumes exigeaient aussi que les époux n'aient ni l'un ni l'autre aucun enfant. La première rédaction de la coutume de Paris, de 1510,

tuels... soient insinuées et enregistrées en registres de greffiers des insinuations, dans le temps (4 mois) et sous les peines (la nullité) portées par l'art. 132 de l'ordonnance de 1539.... »

(1) V. Merlin, Répertoire, v° don mutuel. Nous avons vu, au contraire, dans les actes du moyen-âge que le ravestissement supposait, pour son existence et sa validité, la collaboration intime des deux époux à l'acte dans lequel chaque disposition était la cause de l'autre.

restant en ce point conforme aux vieux principes germaniques du don mutuel, ne reconnaissait la possibilité de celui-ci, que dans le cas où les époux se trouvaient privés d'enfants, au moment même de l'acte. Mais la coutume réformée rompit avec cette tradition, en décidant que l'existence d'enfants ne s'opposait pas à la validité du don mutuel pourvu qu'au décès du premier mourant, ces enfants fussent déjà morts; ce changement de rédaction s'explique par cette idée qui s'était fait jour, sous la nouvelle législation, que la réglementation du don mutuel était faite dans l'intérêt des enfants; et que le but de la coutume était rempli, si les enfants mouraient avant que la donation ait pu produire effet.

Une des conditions essentielles, celle qui reflète le plus l'esprit de la législation nouvelle, était l'égalité parfaite entre les dispositions réciproques de chacun dés époux. Cette égalité consistait tout à la fois dans les biens, dans l'âge, dans la santé des époux et dans les autres circonstances qui pouvaient faire que l'un rencontrât plus, et l'autre moins d'espérance, dans l'effet de la donation.

Les coutumes variaient, en fait, sur cette égalité d'espérance; quelques-unes exigeaient une égalité de simple probabilité, dans l'espérance que chacun des conjoints devait avoir de recueillir le don mutuel. Tel était l'esprit des coutumes, qui, comme celle d'Auxerre et de Bar, n'autorisaient le don mutuel qu'autant que les conjoints étaient *égaux ou presque égaux* en âge. La coutume de Nivernais voulait que l'un des époux ne fût pas plus âgé que l'autre de 10 ans (1).

A l'égalité d'âge, s'ajoutait quelquefois l'égalité de santé. La coutume de Paris, par exemple, disait dans son art 280 : Homme et femme conjoints par mariage, étant en santé, peuvent se faire don mutuel... » Cette condition était d'une application assez délicate; les auteurs discutaient si une maladie dont aurait été atteint l'un des époux suffisait pour faire annuler le don mutuel ; mais la plupart étaient d'accord pour reconnaître que, seules les maladies graves et dangereuses pouvaient entraîner la nullité de la donation ; d'aucuns, comme Duplessis et Ricard décidaient même que si l'époux malade était revenu à la santé, et qu'il n'eût pas révoqué la donation, celle-ci devait être maintenue. D'autres exigeaient, pour annuler la disposition, que l'époux fût mort de la maladie dont il se trouvait atteint au moment de l'acte (2).

(1) Un arrêt du Parlement de Paris, du 16 mars 1616 valida une donation mutuelle dans laquelle la femme était âgée de sept ans plus que son mari. Un arrêt du 19 février 1647 en valida une autre où le mari était de douze ans plus vieux que sa femme. Mais un arrêt du 14 août 1649 annula une donation mutuelle où l'inégalité d'âge atteignait vingt-cinq ans. Comme on le voit, cette condition était, dans la coutume de Paris du moins, interprétée d'une façon assez large.

(2) Voy. Merlin, Répertoire, V° Don mutuel. Les coutumes de Montfort, art. 48 ; de Vermandois, art. 47 ; du Grand-Perche, art 44 ; de Châlons, prononçaient la nullité du don mutuel, pour le seul cas, où l'un des époux était mort de la maladie. — Un arrêt du 1er septembre 1612 avait annulé une donation mutuelle, par suite de ce fait que le mari affligé, au moment de l'acte, d'une hydropisie qu'il avait depuis 15 ans, en était mort 22 jours après, alors que la femme se trouvait en bonne santé.

La principale égalité requise était celle relative aux
biens ; mais encore ici, les coutumes variaient sur la
nature des biens dont elles permettaient aux conjoints
de faire l'objet du don mutuel. Dans certaines coutumes, les époux pouvaient disposer de leurs biens
propres comme des biens communs, soit en usufruit,
soit en propriété ; mais les Coutumes de Paris et
d'Orléans défendaient d'étendre le don mutuel au delà
de l'usufruit des biens de la communauté.

« Il y a apparence, dit Ricard (1) que ces coutumes
» se sont portées à accorder aux conjoints, contre la
» prohibition générale de la loi, la liberté de pouvoir
» disposer au profit du survivant, des biens de la
» communauté, parce qu'ils ont été acquis par leur
» collaboration, et afin que se voyant privés de la
» consolation des enfants dans l'espérance desquels,
» ils avaient pris peine, avec plaisir, d'amasser leurs
» biens, ils n'aient pas ce mécontentement, du moins
» de leur vivant, de voir passer les fruits de leur
» commune épargne en des mains étrangères et qu'ils
» puissent jouir de la récompense de leurs travaux.»
Cette idée est celle qui inspire l'entravestissement par
lettres, et nous voyons par là que, malgré leurs diffé-
rences d'application, ces deux institutions ont toujours poursuivi le même but.

(1) Ricard, *op. cit.*, 2ᵉ partie, ch. V, section III, p. 41.
La coutume du Grand Perche était la plus restrictive de toutes :
elle n'autorisait le don mutuel que pour la propriété des meubles seulement. La Coutume de Berry, au contraire, permettait aux époux de
se donner mutuellement la propriété du tiers de leurs propres et
l'usufruit de tous les conquêts.

De ce que la communauté servait de base au don mutuel, il en résultait une égalité parfaite entre les choses données réciproquement. L'application du don mutuel ne donnait lieu à aucune difficulté ; la liquidation de la communauté, ou le simple inventaire des biens communs existant lors du décès du premier mourant permettait au conjoint survivant de jouir des biens compris dans le don mutuel, sans opposition de la part des héritiers du prémourant.

Il n'est pas sans intérêt de remarquer que quand l'un ou l'autre des conjoints, ou tous les deux ensemble, avaient compris dans le don mutuel ce que la loi ne leur permettait pas d'y comprendre, ce don était absolument nul de part et d'autre. Cette règle s'explique par le caractère mutuel, réciproque de l'institution, étant de l'essence du contrat dont il s'agit, que le don mutuel que l'un des époux a fait à l'autre, ne puisse être valable qu'autant que celui que ce conjoint a reçu, eût pu l'être.

2° *Effets du don mutuel.* — L'ouverture du don mutuel ne donnait au conjoint survivant que le droit de demander aux héritiers du prédécédé la délivrance des choses comprises dans la disposition. Aux termes de l'art. 284 de la coutume de Paris : « Un don mutuel de soi ne saisit, ains est sujet à délivrance. »

De ce que le don mutuel était sujet à délivrance, le conjoint survivant ne pouvait être censé entrer en jouissance de la part de communauté revenant aux héritiers du conjoint prédécédé, tant que ceux-ci ne

lui avaient pas consenti cette délivrance ou n'avaient
pas été contraints judiciairement à ce faire (1).

D'autre part, le conjoint survivant était tenu de
fournir caution suffisante. Cette formalité était jugée
si nécessaire que les conjoints ne pouvaient, dans le
don mutuel, s'en dispenser que si ce dernier avait été
fait dans le contrat de mariage, car si les époux
avaient la faculté de faire dans leur contrat de mariage
telles conventions qu'ils jugeaient à propos, ils ne
pouvaient, pendant le mariage, se faire d'autres avantages que ceux que les coutumes avaient spécialement
autorisés et dans les conditions exigées par celles-ci.
Néanmoins, les héritiers du conjoint prédécédé
avaient la faculté de dispenser le survivant de cette
formalité, s'ils le jugeaient à propos.

L'usufruit que recueillait le conjoint survivant,
par le fait du don mutuel, n'était pas sans entraîner
pour celui-ci un certain nombre de charges. C'était
ainsi qu'il était tenu de payer les obsèques et funérailles du conjoint prédécédé ; de plus, la coutume
l'obligeait à faire l'avance des dettes de communauté.
A la mort de l'usufruitier, ses héritiers pouvaient
répéter les sommes payées au-delà de leur part de
communauté.

L'irrévocabilité était un caractère propre au don
mutuel, en ce sens que, aussitôt fait, l'un des époux
ne pouvait plus le révoquer sans le consentement de

(1) Il y avait cependant des coutumes où le donataire mutuel était
saisi de plein droit du jour de la dissolution du mariage. Telle était
celle de Bourbonnais, art. 227.

l'autre. Ce caractère était tellement essentiel au don mutuel, que si, par une clause de l'acte, l'un ou l'autre des conjoints ou tous les deux ensemble s'étaient réservé la liberté de le révoquer, cette clause rendait le don mutuel absolument nul, quand même les conjoints n'en auraient fait aucun usage. Il en était de même de toute autre clause par laquelle les conjoints ou l'un d'eux se seraient réservé la faculté de diminuer l'effet du don mutuel, soit par donation, soit par testament ; néanmoins, chacun des époux pouvait, sans porter atteinte à l'irrévocabilité du don mutuel, excepter de ce don une certaine somme et se réserver la faculté d'en disposer par testament. Toutefois, toujours en vertu du principe d'égalité qui était l'âme du don mutuel, si l'un des conjoints avait excepté une certaine somme, il fallait que l'autre conjoint exceptât aussi de la donation une somme équivalente ; et si l'un d'eux avait excepté une somme plus considérable que celle de l'autre, il en résultait un défaut d'égalité qui rendait le don mutuel nul dans toutes ses dispositions.

Si, dans son but et dans ses effets principaux, le don mutuel avait, comme l'entravestissement par lettres, conservé l'empreinte de ses origines germaniques, il nous a été facile de constater, dans le cours de cette étude, à quel point il s'était transformé sous l'influence de la législation française inspirée du droit romain. Les conditions rigoureuses exigées par les coutumes quant à l'égalité d'âge, de santé, de biens de chacun des époux, les diverses dispositions édictées pour protéger les droits des héritiers du sang contre la tendance que les conjoints pouvaient avoir de s'avantager, avaient eu pour effet d'en restreindre l'application.

L'entravestissement par lettres aùra, lui aussi, à lutter contre l'esprit de la nouvelle législation. L'étude de la jurisprudence nous montrera les tentatives qui ont été faites pour étendre à notre institution les règles françaises du don mutuel.

CHAPITRE DEUXIÈME

L'entravestissement dans les coutumes rédigées

A partir du XVIe siècle, les documents juridiques deviennent plus nombreux. Les coutumes rédigées nous donnent des renseignements précis que les travaux des Jurisconsultes complètent utilement. Au point de vue du droit matrimonial les coutumes présentent une législation remarquable tant par la richesse et la variété que par l'ensemble harmonieux des institutions définitivement établies. Les conjoints trouvent dans l'heureuse combinaison du régime de communauté, du douaire et des nombreux gains de survie légaux ou conventionnels, le moyen de remédier aux inconvénients de la prohibition des libéralités qui est devenue la règle de droit commun (1).

(1) La prohibition des libéralités des époux n'empêchait pas ceux-ci de faire, dans le contrat de mariage, toutes stipulations en faveur de l'un d'eux, comme par exemple un préciput, soit en argent, soit en nature. — Quant aux gains de survie, leur nombre était considérable. Remarquons l'art. 299 de la coutume du Maine ; l'art. 283 coutume d'Anjou, qui attribuaient au survivant l'usufruit des acquêts revenant au conjoint prédécédé — Le préciput légal des nobles produisait des effets sensiblement analogues à l'entravestissement. (Attribution

C'est dans les coutumes de la Flandre, du Hainaut et de l'Artois, que s'était maintenue notre institution; elle n'était pas, dans toutes ces coutumes, soumise aux mêmes règles, et l'application qu'en avait faite la jurisprudence variait souvent aussi d'une coutume à l'autre.

Conformément à la classification topographique déjà connue, nous avons distingué trois groupes de coutumes qui vont faire l'objet de trois chapitres distincts.

SECTION PREMIÈRE. — Le ravestissement dans les coutumes de la Flandre et du Hainaut

§ I. — RAVESTISSEMENT DE SANG

Si l'existence d'enfants nés du mariage était la seule condition exigée pour la validité du ravestissement de sang, cette condition n'était cependant pas entendue partout de la même façon. L'article 17 de la coutume de Lille s'exprimait ainsi : « Si deux conjoints, bourgeois

au survivant noble de la propriété des meubles et effets mobiliers, à défaut d'enfants).

Dans la coutume de Normandie, existait le droit de viduité qui, suivant l'art. 382, consistait en ce que le mari, ayant un enfant né vivant de sa femme jouissait, par usufruit, de tous les revenus des immeubles dont la femme avait la propriété lorsqu'elle est décédée, quand même l'enfant serait mort avant la dissolution du mariage.

Si le mari se remariait, il perdait les deux tiers de son droit de viduité.

Les autres gains de survie, comme l'augment, le contre augment, le douaire, etc., n'avaient aucun rapport avec les principes de l'entravestissement.

de Lille, *avaient eu* enfant, durant le mariage, ravestissement de sang intervient entre les conjoints par lequel tous les biens meubles cateux et héritages qu'ils auraient et pourraient acquérir et réputés pour meubles où qu'ils soient, demeurent et appartiennent au survivant. » Des termes mêmes de cette disposition interprétés à la lettre, il paraîtrait résulter que l'efficacité du ravestissement était subordonnée au prédécès des enfants nés durant le mariage.

Patou, dans le commentaire de cet article, est très explicite sur ce point : « il est absolument nécessaire, dit-il, qu'il ne reste plus d'enfant, pour que le ravestissement de sang ait lieu ». La question, il est vrai, ne présentait aucun intérêt ; car si les enfants vivaient encore, lors de la dissolution du mariage, le conjoint survivant était appelé à la succession du conjoint prédécédé, en vertu de l'art. 22, titre des successions, qui lui attribuait la propriété de tous les biens meubles, actions mobilières, et bien réputés meubles (1). Cette disposition ne différait en rien du ravestissement de sang, et la situation du conjoint survivant se trouvait être la même, dans tous les cas (2).

---

(1) D'autre part, il existait, dans la coutume de Lille, un droit appelé « droit de vivenote » qui était accordé à la femme restée veuve, commune en biens, avec enfants du mariage. Cet avantage consistait dans l'usufruit de la totalité des rôtures qui avaient appartenu, comme propres, à son mari.

La veuve était saisie de ce droit, par la mort même de son mari. En cas de convol, elle perdait ce droit ; de même si les enfants venaient à mourir, car le droit de vivenote n'existait que dans l'intérêt de ceux-ci.

(2) On ne s'explique pas pourquoi la coutume de Lille n'avait pas

Cette particularité était spéciale à la coutume de
Lille. Dans les coutumes de Douai, Orchies, Valenciennes, Seclin, et La Bassée, le ravestissement de
sang était acquis au conjoint survivant, que les
enfants fussent morts pendant le mariage, ou qu'ils
fussent encore vivants, lors du décès du premier
mourant (1).

Un autre groupe de coutumes, beaucoup plus
restreint, ne comprenant que les coutumes de Cambrai et du Cambrésis, se séparait nettement des précédentes. Là, le ravestissement de sang présentait,
entre autres particularités, celle-ci que son efficacité
était subordonnée à l'existence d'enfants, au moment
du décès de l'un des conjoints. Les termes de la coutume ne laissent place à aucun doute. L'article 2 du
titre X disposait que le ravestissement n'avait d'effet
que quand l'un des deux conjoints décédait, en délais-
sant enfant ou enfans procréés au dit mariage et
l'article 3 sanctionnait le précédent article en ces
termes : « le dit ravestissement dure tant qu'il y a
enfant ou enfans vivants du dit premier et noble
mariage ». La coutume de Cambrai, par une singula-

applíqué le ravestissement de sang dans le cas où les enfants étaient
encore vivants au décès du premier des conjoints. Le coutumier de Jean
Roisin ne fait aucune distinction de ce genre. Patou, dans son commentaire, ne se demande même pas la raison de cette double disposition
— droit de ravestissement, d'une part; droit de succession, d'autre
part ; — qui conférait au survivant les mêmes avantages.

(1) Douai, ch. I, art. 4. Valenciennes, art. 9.

A Douai, il n'était pas nécessaire que l'enfant fût né viable. L'enfant
mort-né entraînait quand même, pour le survivant, le ravestissement
de sang.

rité bizarre, était directement en opposition avec celle de Lille.

L'existence d'enfants, ou mieux la procréation d'enfants pendant le mariage, telle était la condition essentielle, en l'absence de laquelle il ne pouvait y avoir de ravestissement de sang. A cette condition générale, les coutumes en ajoutaient d'autres secondaires et très variables. C'est ainsi que l'art. 1er du titre X de la coutume de Cambrai avait décidé que le ravestissement de sang n'avait lieu que dans le premier et noble mariage ; la même exigence était reproduite par la coutume de Valenciennes (art. XIX). Le ravestissement de sang n'intervenait là non plus qu'en premier mariage. Cette disposition était d'ailleurs spéciale à ces deux coutumes. Nulle part ailleurs, on ne la rencontrait. La coutume de Douai, celle de Lille étaient muettes sur ce point ; mais des coutumes voisines, par exemple celle de La Bassée, disaient expressément que le ravestissement de sang avait lieu quand deux conjoints avaient des enfants du mariage, — un précédent ou non — et il n'est pas douteux que telle était la jurisprudence à l'égard des coutumes muettes, puisque ces coutumes prenaient certaines précautions dans l'intérêt des enfants d'un premier lit, précautions qui auraient été inutiles si le ravestissement avait été prohibé dans les secondes noces (1). C'est ce que va nous montrer l'examen des effets du ravestissement de sang.

(1) Les contrats de mariage étaient très rares dans les classes sociales où on usait du ravestissement. C'était contre les effets de ce dernier surtout que ces précaution» étaient prises.

Ces effets étaient très simples : le conjoint survivant ravesti de sang recueillait dans la succession du prédécédé certains biens déterminés différemment par chaque coutume. Un point sur lequel toutes les coutumes se trouvaient d'accord (1), était que le conjoint survivant restait propriétaire des meubles et effets mobiliers dont il pouvait disposer à son gré ; mais l'avantage n'était pas sans inconvénients, dont le principal était d'obliger le conjoint au paiement des dettes du prédécédé.

Propriétaire des meubles, le survivant ne le devenait pas toujours des immeubles. A cet égard les coutumes étaient assez variables. La coutume de Douai (2) s'exprimait de la façon suivante : « Au survivant, compétent et appartiennent tous et chacun les meubles, cateux et héritages situés au dit échevinage qui leur appartenaient et dont chacun d'eux était jouissant au jour du trépas du premier mourant pour, par le dit survivant, en jouir, user et posséder héritablement, comme de sa chose propre, sans que les enfants du mariage ou, faute d'enfants, les parents du premier mourant y puissent avoir aucun droit, bien entendu que si le survivant ayant enfant, vient à se remarier, alors les terres, héritages, cateux, maisons et rentes, portés par le décédé et qui lui seront succédés ou donnés demeureront affectés aux enfants pour en jouir après le décès du survivant. »

(1) Seule la coutume de Cambrai, présentait cette originalité que le ravestissement de sang avait lieu en héritage de main ferme ou cottiers et non en fiefs *ni en meubles* (art. 1, tit. 10).

(2) Art. 4, ch. I des succ. ab intestat et des entravestissements.

La finale de l'article fait allusion à la précaution prise contre les seconds mariages. En pareil cas, le survivant, entravesti avec enfant, voyait ses droits diminuer notablement sur les immeubles et autres biens importants faisant partie du patrimoine propre du conjoint prédécédé ; puisque de propriétaire, il devenait simplement usufruitier sur ces biens dont la propriété était réservée aux enfants du premier lit (1).

En dehors de cette hypothèse particulière, la situation du conjoint survivant entravesti de sang était, dans notre coutume, assez privilégiée. Recueillant toute la succession du prédécédé, il pouvait exercer ses droits en toute sécurité, sans aucune réserve ; nonobstant la présence d'enfants, ou celle de parents ascendants ou collatéraux du défunt, il n'était tenu envers eux d'aucune obligation ; propriétaire absolu tant des meubles que des immeubles, tant des propres que des acquêts ou conquêts de communauté, il en pouvait disposer à titre gratuit, comme à titre onéreux, sans qu'il eût à en rendre compte à qui que ce soit. Il était loin d'en être ainsi dans les autres coutumes.

La coutume de Lille (2) était beaucoup moins avantageuse au conjoint survivant. Au XIVe siècle, le ravestissement accordait au survivant des droits

---

(1) La coutume de Tournai (art. 14) donnait au conjoint survivant les mêmes droits, sauf qu'elle réservait aux enfants existants la moitié en nue propriété des héritages, même dans le cas où le survivant ne se remariait pas.

(2) Les coutumes d'Armentières, Seclin, Pont-à-Vendin, La Bassée étaient conformes à celle de Lille.

aussi étendus que les coutumes de Douai et de Tournai : « Si le home et feme ravestissent l'un l'autre, ou s'ils ont hoirs ensemble de leur chair, tout ly heritage qu'ils aroient ensamble aussi bien que ceux qui venroient du coté de l'home que cel qui venroient du coté de la feme, et tout ly meuble catel qu'ils aroient ensemble, ly home et le feme demeurent du tout, sans parchonnier au dernier vivant ». Cette disposition était bien conforme à celles des coutumes de Douai et de Tournai. Mais la coutume rédigée de Lille s'était sur ce point considérablement modifiée. Suivant l'usage suivi à Valenciennes et Mons, les immeubles avaient été exclus du ravestissement et celui-ci ne portait plus que sur les meubles, cateux et réputés meubles. Ces règles restrictives étaient la conséquence de l'influence de la législation française, hostile aux avantages entre époux.

La situation du conjoint survivant ravesti de sang, dans la coutume de Lille, variait d'ailleurs selon que les enfants existaient encore ou étaient déjà morts lors de la dissolution du mariage. Dans le premier cas (1), le survivant devenait propriétaire des meubles, actions mobilières et réputés meubles, qu'il était tenu à partager par moitié avec ses enfants dans le cas où il se remariait. De plus, il lui était attribué la 1/2 par indivis avec les dits enfants, des immeubles et héritages non féodaux, et l'usufruit de la 1/2 dévolue aux

(1) Nous savons que dans ce cas, ce n'était pas, en vertu du droit de ravestissement que le conjoint survivant se voyait attribuer ces avantages, mais en vertu d'un droit de succession ab intestat qui produisait des effets analogues.

enfants ; l'indivision cessait encore, en cas de remariage, ce qui l'obligeait à faire procéder au partage,
comme il devait le faire pour les meubles et réputés
tels. Les enfants étaient-ils, au contraire, prédécédés,
l'article 17 de la coutume s'appliquait aux termes
duquel, « par l'effet du ravestissement de sang, tous
» biens meubles, cateux, et héritages, que les conjoints
» auraient et pourraient acquérir réputés pour meu-
» bles, où qu'ils fussent, demeuraient et appartenaient
» au survivant. » Quant aux immeubles propres du
conjoint prédécédé, ils retournaient aux héritiers
directs, sans que le conjoint ravesti pût prétendre
exercer sur eux aucun droit d'usufruit (1).

Différentes questions se posaient sur l'étendue du
ravestissement, relativement aux biens réputés meubles ; nous les examinerons, à propos du ravestissement de lettres.

Nous n'aurions encore qu'une idée imparfaite de la
coutume de Lille, si nous ne disions que, dans l'usage,
il était fréquemment dérogé au ravestissement de
sang dans les contrats de mariage ; en effet, les futurs
époux pouvaient renoncer au ravestissement ou le
modifier de façon à ne laisser au survivant, dans
tous les cas, qu'un simple droit d'usufruit. Cette
dernière clause était assez fréquente (2).

(1) Par suite de l'extension donnée par ces coutumes aux réputés
meubles, cette règle était moins rigoureuse qu'elle pouvait le paraître.
En effet, les maisons tenues de l'échevinage étaient réputées meubles.
Par suite, la coutume de Lille se rapprochait, en fait, assez, de celle de
Douai.

(2) V Patou. Commentaire, sur l'art. 23 de la coutume.

La coutume de Cambrai présentait une disposition sur la singularité de laquelle nous avons plus haut présenté quelques observations. Le ravestissement de sang ne portait que sur les héritages de main ferme ou cottiers, à l'exclusion expresse des meubles. Là ne se bornait pas la particularité de notre coutume. Subordonné à l'existence d'enfants au jour du décès du premier conjoint, le ravestissement de sang était de tel effet, disait l'art. 2, « que le survivant devait jouir à l'encontre des enfants de la 1/2 de tous les héritages main ferme ou cottiers situés en Cambray, à moins toutefois qu'il n'ait été autrement conditionné dans le contrat de mariage. » Ainsi donc, le conjoint survivant demeurait simple usufruitier de la 1/2 des héritages de main ferme ou cottiers, il n'avait aucun droit sur les meubles, mais en compensation il n'était tenu d'aucune dette ; celles-ci restaient à la charge des enfants.

La coutume de Valenciennes se rapprochait un peu plus de la coutume de Douai. L'art. 9, chap. iii, accordait au survivant entravesti de sang, la propriété de tous les biens meubles, dettes, joyaux et cateux délaissés par le prémourant, avec l'usufruit des héritages de main ferme et rentes immobilières. Dans cet usufruit était comprise la part du premier mourant dans les conquêts. Ainsi le conjoint survivant ravesti de sang, avait, dans cette coutume, deux sortes de droits sur les conquêts : il en était propriétaire jusqu'à concurrence de la moitié et viager de l'autre moitié.

De même dans la coutume du chef-lieu de Mons, l'usage constant était que le survivant de deux époux avec enfant vivant, jouissait, en vertu du ravestissement de sang, de l'usufruit des main-fermes du prédécédé et de la propriété de tous les meubles, à la charge d'abandonner ceux-ci, lorsqu'il voulait se remarier.

§ 2. — Ravestissement par lettres

Conformément au droit commun des coutumes rédigées, les coutumes de la Flandre prohibaient les libéralités entre époux. Cette prohibition était plus ou moins rigoureuse. L'article 6 du titre 12 de la coutume de la Salle de Lille disposait en termes très nets, que « deux conjoints ne pouvaient directement ou indi-rectement, par donations entre vifs ou de dernière volonté, avantager l'un l'autre ». L'art. 19 du titre 7 de la coutume de Cambrai contenait la même disposi-tion. La coutume de Douai, au contraire, permettait aux conjoints de s'avantager par testament, ou autre-ment de tous leurs biens, meubles, maisons, héri-tages situés dans l'échevinage, et la coutume de Valen-ciennes, un peu moins large, autorisait seulement les donations à cause de mort.

Mais, par exception à la règle générale, l'entra-vestissement par lettres s'était trouvé maintenu, dans toutes nos coutumes, comme le don mutuel l'avait été dans le reste de la France coutumière. Les commen-tateurs n'ont d'ailleurs jamais pu séparer ces deux

institutions l'une de l'autre : Ainsi Patou dit, en parlant du ravestissement par lettres, que c'est « *un don*
» *mutuel* que deux conjoints bourgeois de Lille non
» ayant enfants, se font l'un à l'autre, par devant
» échevins de cette ville, de tous leurs biens meubles,
» et réputés meubles ».

Cependant nous avons vu combien, sous l'influence
romaine, le don mutuel s'était trouvé modifié. Le
ravestissement par lettres, au contraire, était resté tel
que nous l'avons toujours connu, soit dans les formules de Marculfe, soit dans les actes du moyen-âge.
L'appui qu'il trouvait dans le ravestissement de sang
explique, à lui seul, cette particularité.

Les conditions de validité du ravestissement
variaient suivant les coutumes. A Lille (1) il fallait
d'abord que les conjoints fussent bourgeois de la ville,
au temps du ravestissement. La même condition était
exigée dans la coutume de la ville et échevinage
d'Armentières et dans celle de Seclin ; mais aucune
autre coutume n'y faisait allusion.

A Lille, donc, le ravestissement était un privilège
attaché à la bourgeoisie. Cependant, la bourgeoisie
ne supposait pas le domicile. Ainsi l'avait décidé
un jugement de la gouvernance de Lille confirmé

(1) L'art. 14 du titre des donations et ventes s'exprimait ainsi :
« Deux conjoints par mariage, bourgeois de la ville de Lille, non
ayant eu enfant l'un de l'autre, en bourgaige peuvent ravestir l'un
l'autre par lettres, de tous leurs biens meubles, cateux et héritages,
réputés meubles, qu'ils auraient et pourraient ensemble acquérir, où
que les dits biens soient situés, en apposant telles conditions qu'il leur
semblera. »

par arrêt de la Cour, du 28 novembre 1706 (1).

Cette jurisprudence avait conduit à cet étrange résultat que les conjoints domiciliés dans l'étendue du bailliage de Lille, dont la coutume défendait toutes les libéralités sans distinction, pouvaient éluder les dispositions de cette coutume, en se faisant bourgeois de Lille ; cette jurisprudence, il est vrai, ne faisait que consacrer les usages établis que les rapports fréquents de voisinage des habitants de la ville et du bailliage rendaient absolument nécessaire, tant est puissante la force de l'usage contre les réglementations arbitraires des législateurs.

Une deuxième condition, celle-ci générale, admise par toutes les coutumes, et sur l'importance historique de laquelle nous avons plus haut insisté, consistait à passer le ravestissement devant les échevins.

Tandis que les coutumes de Lille, Armentières, Seclin, etc., ne contenaient sur ce point aucune disposition spéciale et se contentaient de dire que les époux pouvaient par-devant échevins se ravestir, les coutumes de Douai et de Valenciennes étaient beaucoup plus explicites.

La première permettait le ravestissement des biens meubles, cateux et héritages situés « es metes de l'échevinage » et n'exigeait la présence d'échevins que

(1) Pollet. arrêts.— Il s'agissait, dans l'espèce, de bourgeois forains de Lille qui avaient toujours demeuré au Quesnoy-sur-Deûle. Les héritiers du mari prétendirent, pour faire tomber le ravestissement, que le mot bourgeois de l'art. 14 devait être entendu de véritables bourgeois, qui avaient leur domicile dans la ville. L'arrêt les débouta de leur demande.

pour les maisons et héritages. Le ravestissement des meubles et cateux pouvant être fait par acte privé sans aucune autre formalité.

. D'après la seconde de ces coutumes, le ravestissement des immeubles devait être passé devant les échevins du lieu du domicile des époux, et celui des meubles pouvait l'être devant les échevins ou les jurés de cattel (1).

Bien que, en principe, la comparution personnelle des époux fût exigée par la coutume, la jurisprudence avait fini par valider les ravestissements faits devant notaires, avec procuration donnée par les époux à un tiers de passer, en leur nom, l'acte devant les échevins compétents (2).

Une troisième condition était exigée aussi par toutes les coutumes; c'était l'inexistence d'enfants. Cette condition s'interprétait d'une façon assez rigoureuse dans

(1) Les jurés de cattel n'étaient autres que les échevins dont le temps d'échevinage était expiré, et qui restaient alors jurés de catel toute leur vie, et en cette qualité il leur était permis de recevoir tous actes et contrats portant sur les meubles.

La coutume de Mons permettait le ravestissement qui n'avait lieu que pour les meubles, devant 4 échevins, jurés ou personnes de loi, sous qui le mari était couchant et non ailleurs, ch. XXXV, p. 43, lois, cout. et chartes de la ville de Mons.)

(2) Seule de toutes les coutumes, la coutume de Mons, comme nous l'avons vu, n'exigeait pas la présence de la femme à l'acte et le mari stipulait à la fois pour lui et sa femme.

La Jurisprudence de Flandre avait suivi une évolution sur la question de savoir si ces ravestissements faits par procureur devant les échevins étaient valables. Un arrêt du 11 août 1690 (Jurisp. de la Flandre, par Dubois d'Hermaville, p. 160) décida qu'un tel ravestissement était nul. Mais un autre arrêt du 28 nov. 1706 décida le contraire et fit jurisprudence.

les coutumes d'Armentières, de La Bassée, de Comines
et de Seclin, où le ravestissement par lettres, fait à un
moment où les époux étaient sans enfants, devenait
nul de plein droit, si plus tard des enfants naissaient,
bien qu'ils fussent morts avant leurs parents ; car
dans ce cas, seul le ravestissement de sang pouvait
être réclamé par le conjoint survivant.

La coutume de Lille (1) et celle de Douai (2) s'ex-
primaient autrement : il y était dit que deux conjoints
non ayant eu enfants, pouvaient se ravestir par
lettres. Il suffisait, dit Patou (3), que les conjoints
fussent sans enfants, au moment même du ravestissement ; s'ils avaient eu jadis des enfants, mais que
ceux-ci fussent morts, la faculté leur était laissée de
se ravestir. Les notes d'avocats anciens, ajoute le
commentateur, disent qu'il a été jugé à Lille que les
enfants morts n'empêchent pas le ravestissement par
lettres.

La validité du don mutuel des coutumes générales
était subordonnée à certaines conditions telles que
l'égalité des époux, en biens, en âge et en santé, de
telle façon que le contrat avait cessé d'être une libéralité proprement dite, pour devenir un acte à titre
onéreux qui ne tombait pas sous l'application du
principe nouveau de la prohibition des libéralités

(1) Art. 14, ch. V de la coutume.
(2) Art. 1ᵉʳ, ch. I de la coutume.
(3) Commentaire, 1ᵉʳ vol., p. 746. Patou cite un arrêt du 22 juillet 1729
qui valida un ravestissement par lettres, bien qu'un enfant fût né dans
le mariage, auquel avaient survécu ses parents.

entre époux. Le ravestissement par lettres n'avait
pas suivi la même évolution, et était resté une véritable libéralité, faisant ainsi exception à la règle
générale qui défendait aux époux de s'avantager.
Patou explique cette dérogation à la règle (la seule
qui ait subsisté dans toutes les coutumes) par l'influence que le ravestissement de sang a dû exercer
sur celui de lettres dont les effets étaient les mêmes,
bien que d'origine différente. « Le ravestissement de
» sang est un privilège que nos coutumes ont attaché
» à la naissance d'un enfant, et qui a lieu sans avoir
» égard aux biens des époux, à leur âge, ou à leur
» santé ; il importe peu que l'un soit jeune et l'autre
» âgé, ou infirme, que l'un ait porté beaucoup de
» biens en mariage, et l'autre peu, et qu'enfin la
» femme qui met l'enfant au monde, meure de la
» maladie qui a donné naissance à son enfant. Ce
» point est constant dans nos usages (c'est toujours
» Patou qui parle) et il n'est pas moins constant qu'à
» défaut d'enfants, nos coutumes subrogent le raves-
» tissement par lettres à celui de sang, et qu'elles
» lui attribuent le même effet, il faut donc que le
» ravestissement par lettres suive, en tout, les mêmes
» règles que le ravestissement de sang, et que, comme
» l'un ne dépend pas de l'égalité de biens, de l'âge,
» ou de la santé, l'autre qui lui est subrogé ne dépend
» pas non plus de ces considérations. »

La jurisprudence du Parlement de Flandre n'avait
d'ailleurs jamais étendu au ravestissement de lettres,
les règles nouvelles du don mutuel. Un arrêt du

17 juillet 1693 et un autre du 9 août 1696 étaient for-
mels en ce sens (1).

C'était parce qu'il trouvait son point d'appui dans
le ravestissement de sang, que le ravestissement de
lettres avait pu échapper à la réglementation étroite
du don mutuel. Le ravestissement de sang était, en
effet, de telle nature, qu'il s'appliquait, malgré
l'inégalité d'âge et de biens des époux, ceux-ci pouvant se marier à l'âge qu'ils voulaient et n'étant pas
tenus d'apporter en mariage la même quantité de
biens.

Puisque le ravestissement de lettres n'existait, à
défaut d'enfant, que pour suppléer au ravestissement
de sang, la logique commandait qu'il ne fût pas soumis
à d'autres conditions. Tel était, d'ailleurs, l'esprit de
la coutume qui assimilait dans les mêmes dispositions
les effets du ravestissement de sang et du ravestissement de lettres (2).

(1) Pollet, op. cit. p 119 à 138. Dans l'espèce de l'arrêt de 1693, il
s'agissait d'un ravestissement passé devant deux échevins de Lille par
deux époux de condition très inégale. Le mari avait épousé, à 30 ans,
une femme de 66 ans. De plus, il était sans fortune, n'ayant pour tout
bien que la noblesse de sa maison ; tandis que la femme était très
riche et possédait une fortune mobilière très importante. Les héritiers
de la femme demandèrent la nullité du ravestissement en invoquant
l'inégalité de biens et d'âge des époux. Le Parlement repoussa leur
action ; il s'était entouré, dit Pollet, de toutes sortes de documents,
notamment d'une consultation des plus célèbres avocats de Lille, disant
que le ravestissement par lettres était bon et valable, nonobstant
l'inégalité de biens, d'âge et de santé, et que c'était un usage constant ;
et aussi d'une sentence des échevins de Lille de 1651, validant un ravestissement entre une femme malade et un homme en bonne santé, alors
que la femme était morte quatre jours après le ravestissement.

(2) Nous verrons combien cette idée est exacte, lorsque dans la troi-

Néanmoins, les principes qui se dégageaient de cette jurisprudence n'avaient pas pénétré dans toutes les coutumes avec une égale force. Certaines d'entre elles avaient laissé s'introduire dans le ravestissement l'esprit nouveau qui avait envahi le don mutuel ; sans cependant confondre ces deux institutions parallèles (1).

C'est ainsi que la coutume générale de la cité et duché de Cambrai et du comté et pays du Cambrésis exigeait, pour un ravestissement valable que les deux conjoints eussent « chacun des héritages mainfermes de son chef et côté en Cambrai ou dans le pays de Cambrésis (2). Bien que l'égalité absolue de biens ne fût pas requise par la coutume, cette condition, exigée, des époux, d'avoir chacun des biens immeubles situés à Cambrai, n'en était pas moins contraire aux principes du ravestissement. Mais la sanction de cette règle n'était pas la nullité du ravestissement. L'art. 3 du titre IX disposait en effet que si deux conjoints s'étaient ravestis sans posséder chacun des héritages en la dite seigneurie, le ravestissement valait seulement pour les meubles. L'art. 3 atténuait donc dans une certaine mesure la disposition de l'art. 2.

Enfin, l'art. 7 avait consacré l'égalité de santé,

sième catégorie des coutumes de Flandre flamingante et maritime, où le ravestissement de sang n'existait pas, nous constaterons cette confusion faite entre le don mutuel et le ravestissement par lettres.

(1) Il n'en fut pas de même, dans les coutumes de la Flandre maritime (v. plus loin) où le don mutuel absorba le ravestissement.

(2) Art. 2, titre IX de la coutume.

requise par les coutumes générales de France, pour la validité du don mutuel : « Un ravestissement fait entre deux conjoints étant l'un deux malade de maladie dont il meurt n'est valable ».

Toutes les autres coutumes étaient conformes à celle de Lille.

Les effets du ravestissement par lettres étaient, en général, les mêmes que ceux du ravestissement de sang.

La coutume de la ville et chatellenie de Lille permettait aux époux de se ravestir de tous leurs biens meubles et réputés pour meubles qu'ils auraient ou pourraient acquérir ensemble et cela soit qu'ils eussent été acquis avant ou pendant le mariage, soit qu'ils leur fussent échus par succession, donation ou autrement ; ainsi le disposait l'art. 14 de cette coutume ; l'art. 5 de la coutume d'Armentières, l'art. 9, chapitre III de la coutume de Valenciennes et le chapitre XXXV de la coutume de Mons étaient conçus dans le même esprit.

La situation des meubles n'était pas prise en considération, parce que les meubles suivaient la personne à laquelle ils appartenaient et étaient soumis à la coutume du domicile du propriétaire.

La question était plus délicate pour les biens réputés meubles.

Plusieurs difficultés s'étaient présentées, en pratique, sur l'application de ravestissement de lettres relativement à cette catégorie particulière de biens. On s'était demandé si les réputés meubles devaient être

régis par la coutume de la situation des biens ou au
contraire par la coutume du domicile des époux,
comme l'étaient les biens purement mobiliers. Pollet
pensait que si la coutume de la situation d'un bien le
réputait meuble, c'était pour certains effets qui lui
étaient particuliers, et nullement pour l'assujettir à
une coutume étrangère (1) ; par suite, les réputés
meubles, ayant une situation fixe, restaient assujettis,
d'après cet auteur, à la coutume du lieu de cette
situation et ces biens ne pouvaient être compris dans
le ravestissement si la coutume défendait les libéralités entre époux. La question s'était surtout posée au
sujet des biens réputés meubles situés dans le ressort
du bailliage de Lille dont la coutume défendait toutes
libéralités entre époux, y compris même le ravestissement. Un arrêt du conseil de Gand, du 7 octobre
1417, avait jugé, à cet égard, que les réputés meubles
situés dans la coutume du bailliage de Lille, entraient
dans le ravestissement, et cette décision pouvait s'expliquer par la liaison et les rapports que le voisinage
créait entre les coutumes de la ville et du bailliage
de Lille, dans le but d'éviter des conflits trop fréquents et trop injustes (2).

A l'exception des héritages réputés pour meubles,
situés dans le bailliage de Lille, tous les autres biens de
cette nature, situés en dehors de la ville et chatellenie
de Lille, étaient exclus du ravestissement. C'était,
d'ailleurs, l'esprit de toutes les coutumes. Peu

(1) Pollet : op. cit., p. 119.
(2) Pollet : op. cit., p. 120.

importait que la coutume de la situation de ces
biens admît le ravestissement aux mêmes conditions
que la coutume du domicile des époux. Ainsi le ravestissement passé par deux bourgeois de Seclin n'était
pas valable pour les réputés meubles situés dans le
ressort de la coutume de Lille. On avait, de même,
décidé, par application de ce principe, que le ravestissement passé par deux conjoints étrangers à la
ville où avait été passé l'acte de ravestissement,
n'avait aucun effet sur les meubles que le premier
mourant avait délaissés soit au lieu du décès, soit
ailleurs, parce que ces biens suivaient leurs pro-
priétaires, et échappaient au droit de juridiction des
échevins qui avaient reçu le ravestissement. Le droit
de l'époux survivant devait donc se borner aux
réputés meubles qui se trouvaient situés dans le lieu
du ravestissement (1).

Dans certaines coutumes, le ravestissement de
lettres différait assez sensiblement du ravestissement
de sang. Ainsi, dans la coutume de Cambrai, alors que
le ravestissement de sang ne comprenait que l'usufruit
des mainfermes du prédécédé, à l'exclusion des

(1) Patou, dans son commentaire sur l'art. 14 de la coutume de
Lille, rapporte l'espèce suivante : Deux époux demeurant à Denflen-
mont, s'étaient faits bourgeois d'Armentières et s'étaient ravestis
devant les échevins de cette ville. La coutume d'Armentières, comme
celle de Lille, disposait que les biens meubles et réputés meubles
étaient acquis au survivant ravesti. Le mari mourut à Denflemont ; sa
veuve prétendit prendre possession de par le ravestissement de tous
les meubles et réputés situés à Denflemont. Les échevins d'Armentières repoussèrent sa prétention (sentence du 11 décembre 1741), en
décidant que le ravestissement ne pouvait avoir aucun effet sur les
meubles et réputés situés en dehors de la coutume d'Armentières.

meubles, le ravestissement de lettres, au contraire,
y comprenait, en outre, la propriété pleine et entière
de tous les meubles de la communauté. De même,
dans la coutume de Mons, le ravestissement par lettres ne pouvait avoir lieu que pour les meubles. Le
ch. 35 de la coutume est formel en ce sens. Partout
ailleurs, les deux ravestissements produisaient les
mêmes effets.

Une question assez intéressante est celle de savoir
si un acte de ravestissement devait, pour être valable,
comprendre tous les biens que la coutume permettait
d'y faire entrer.

L'art. 1ᵉʳ du titre 9 de la coutume de Cambrai
l'exigeait ainsi : « Ravestissement entre deux con-
» joints tant pour les meubles que pour les héritages
» de main ferme, se doit passer par devant loy et doit
» être *général* et réciproque. » Cette disposition s'explique facilement, à l'aide des principes qui régis-
saient le don mutuel modifié et par la règle générale
de la prohibition des libéralités entre époux, car permettre aux époux de changer à leur gré le don mutuel,
c'était, par là même, leur permettre de s'avantager.

Mais cette disposition rigoureuse n'avait pas été
reçue par toutes les coutumes. La coutume de Lille,
la plus libérale de toutes, laissait aux époux la faculté
d'apposer aux actes de ravestissement « telles devises
et conditions que bon leur semblait » (1). La coutume de La Bassée paraît avoir été rédigée dans le
même sens ; l'art. 13 accordait, en effet, au survivant

(1) Art. 14, titre 5.

des conjoints ravestis, la propriété de tous les meubles réels et fictifs du premier mourant, « si ce n'est que par le dit ravestissement, soit autrement devisé et conditionné. » L'art 5 de la coutume d'Armentières permettait aussi aux époux « d'apposer telles devises et conditions que bon leur semblait, lesquelles sont à entretenir ». Des dispositions aussi générales ne permettent pas de douter que, dans toutes ces coutumes, les époux ne fussent maîtres de restreindre ou d'augmenter les effets du ravestissement.

Bien plus, la coutume de Cambrai, elle-même, rendait possibles ces modifications. L'art. 5 du titre 9 décidait que « si deux conjoints ravestissaient l'un l'autre seulement par devant une loi ou justice et que l'un ou les deux n'aient héritages en ladite seigneurie, tel ravestissement vaudrait seulement pour les meubles. »

Il résulte clairement de ces termes que, suivant l'esprit de cette coutume, le ravestissement de meubles n'avait rien de commun avec le ravestissement d'immeubles et que par suite on pouvait faire l'un et omettre l'autre (1).

La coutume de Valenciennes faisait entendre la même chose, lorsqu'elle disait dans son article 22 « que les époux devaient se ravestir par devant » échevins du lieu de leur domicile, pour immeubles, » et pour meubles, devant échevins et jurés de cat-

(1) Cette interprétation ne va pas contre le texte de la coutume de Cambrai voulant que le ravestissement fût général, car cela pouvait vouloir dire que le ravestissement de meubles devait comprendre tout le mobilier et le ravestissement d'immeubles tous les immeubles.

» tel. » Il est clair, en effet, que le ravestissement des meubles pouvait subsister sans le ravestissement des immeubles, et réciproquement.

Une question analogue se posait de savoir si les époux pouvaient, dans leur contrat de mariage, déroger aux règles du ravestissement établi par la coutume. L'art. 16 de la coutume de Lille disposait que le ravestissement par lettres avait effet, malgré les clauses du contrat de mariage, à moins d'une dérogation expresse. C'était l'esprit de beaucoup d'autres coutumes (1).

L'application de cette disposition avait soulevé en pratique d'assez nombreuses difficultés.

On s'était demandé, notamment, si la clause d'un contrat de mariage que les meubles et immeubles de la communauté seraient partagés également entre le survivant et les héritiers du premier mourant était de nature à faire obstacle au ravestissement de lettres.

Un arrêt du parlement de Flandre du 11 août 1766, confirmé par un autre rendu, en révision, le 22 mars 1767, avait jugé l'affirmative (2).

Mais de nombreuses autorités avaient soutenu la négative, et prétendu que deux époux, en stipulant que la communauté serait partagée également, n'avaient fait que prévoir le cas où il n'y aurait point de ravestissement par lettres, et ne s'étaient point enlevé le droit d'en faire un. Leur opinion fut con-

(1) Seclin, art. 2. — Comines, art. 20, V. aussi cout. d'Artois.

(2) Rapportés dans Merlin. Répertoire, v° entrav., p. 800 de la 4° édition.

sacrée par un arrêt du Parlement de Paris du 4 juin
1681 (1).

Lorsque deux époux s'étaient ravestis mutuellement, pouvaient-ils encore disposer de leurs biens?
A l'égard des biens de communauté, le mari pouvait
toujours en disposer, même après le ravestissement,
pourvu que ce ne fut ni par fraude, ni à titre universel. Il ne portait en cela, aucune atteinte aux
droits que le ravestissement avait donnés à sa femme,
puisqu'il ne pouvait diminuer l'effet de cet acte, par
rapport à celle-ci, sans le diminuer en même temps
pour lui-même. D'ailleurs, comme le don mutuel,
le ravestissement ne comprenait que les biens existant au moment de la dissolution du mariage, et ne
modifiait en rien les droits du mari, administrateur
de la communauté.

L'art. 18 du titre 5 de la coutume de Lille ne laissait
place à aucun doute : « Nonobstant ravestissement de
sang ou de lettres, intervenu entre 2 conjoints par
mariage, bourgeois de la dite ville, le mari demeure
seigneur et maître des biens meubles, de lui et de
sa femme, et en peut disposer à son plaisir et
volonté. »

Cette décision ne devait s'entendre, toutefois, que
des dispositions entre vifs ; et le mari n'aurait pu,

<hr/>

(1) Rapporté dans Merlin, *hoc loco*, p. 801 avec les autorités; v.
aussi, *eodem loco*, la controverse qui s'était élevée sur l'application des
clauses de réalisation des meubles, et des clauses de retour des biens
des époux à leurs héritiers respectifs pour lesquels on avait fini par
décider qu'elles n'étaient pas opposables au ravestissement de lettres
intervenu ultérieurement.

valablement, au mépris d'un ravestissement intervenu entre sa femme et lui, disposer à cause de mort des biens de la communauté (1). Néanmoins, certaines coutumes réservaient à chacun des époux le droit de disposer de quelques-uns de leurs biens pour legs pieux (2).

A l'égard de ses biens propres, le mari ne pouvait en disposer après ravestissement qu'avec le concours de sa femme : Car, par cette disposition, le mari diminuait le gain sur lequel sa femme avait compté en passant l'acte et se réservait pour lui seul tous les avantages du ravestissement. Aucune difficulté n'existait sur ce point.

Un dernier effet du ravestissement de lettres était d'obliger le conjoint survivant au paiement de toutes les dettes et même des frais funéraires du prédécédé. La situation du conjoint survivant était, à cet égard, bien moins avantageuse que celle résultant du don mutuel ; le conjoint, en effet, tenu de la moitié des dettes, en sa qualité de commun en biens, ne l'était

---

(1) Patou, I, p. 770, rapporte une espèce où un mari avait après ravestissement, fait un testament dans lequel il partageait ses biens moitié à sa femme, moitié à ses héritiers. La femme demanda la nullité du testament et obtint gain de cause. Arrêt du Parlement de Flandre du 6 juillet 1675. La Jurisprudence était constante en ce sens.

(2) Les chartes du Hainaut, art. 26, ch. 29, disent : « L'homme ayant fait et passé ravestissement pourra, néanmoins, disposer *d'un tiers des meubles* pour légations salutaires.

La coutume de Tournai, art. 9, donnait le droit à chacun des époux de se réserver une certaine somme pour legs pieux.

C'était un vieil usage que nous avons rencontré dans les actes du moyen-âge et que par faveur pour les legs pieux les coutumes avaient conservé.

pas de l'autre moitié en sa qualité de donataire mutuel ; et s'il avait, néanmoins, payé les dettes auxquelles il n'était pas tenu, ses héritiers pouvaient,
après sa mort, en répéter le montant contre les héritiers du prédécédé. Cette obligation à la totalité des
dettes, du conjoint ravesti, étaient la conséquence
des droits de propriété sur les meubles qui lui
étaient attribués. C'était, d'ailleurs, la survivance
d'un principe germanique en vertu duquel, les
dettes étaient à la charge des meubles à l'exclusion
des immeubles (1).

Tels étaient, dans les coutumes de la Flandre et du
Hainaut, les principaux caractères du ravestissement
de sang et du ravestissement de lettres. Les nouveaux
groupes de coutumes auxquels nous arrivons, vont
nous en montrer d'autres.

SECTION II. — L'entravestissement dans les coutumes du pays et comté d'Artois

§ 1. — DE LA CLAUSE « DU DERNIER VIVANT TOUT TENANT » DANS LA COUTUME GÉNÉRALE D'ARTOIS

Comme les coutumes de la Flandre, la coutume
générale d'Artois prohibait toutes les libéralités
entre conjoints, entre vifs ou à cause de mort. La
première rédaction du 15 juin 1509 contenait dans

---

(1) On retrouve ce principe germanique chez les Allemands qui le
résument par ce brocard : « Wer nur noch immobilien hat ist
insolvent. »

l'article 89 une prohibition conçue en ces termes :
« L'homme ne peut avantager la femme, ni la femme
» son mari, par disposition testamentaire ». La première homologation (1) du 26 décembre 1540 y ajouta
ces mots « ni autrement ». La prohibition était donc
absolue et s'étendait, de l'avis d'un grand nombre de
commentateurs (2), jusqu'au don mutuel. Les donations indirectes et déguisées étaient également défen-
dues. L'art. 133 s'exprimait ainsi : « Chacun peut
vendre, engager, donner ses biens, sauf entre
époux (3). »

Bien plus, les questions de capacité étant réglées
par la loi du domicile, les conjoints domiciliés en
Artois ne pouvaient se faire donation des biens situés
en dehors du pays d'Artois (4). En l'absence de tout
avantage stipulé au contrat de mariage, la veuve était
simplement garantie par son droit de douaire sur les

(1) Une deuxième homologation eut lieu le 5 mars 1544.

(2) Contra Adrien Maillard (coutume générale d'Artois sur l'art. 89,
p. 643, etc.) qui estimait que le don mutuel devait *être toléré* en Artois.
D'ailleurs le testament mutuel conjonctif était très fréquent.

(3) Maillart, sur l'art. 133, rapporte cependant un arrêt du Conseil
d'Artois du 1er janvier 1557, aux termes duquel les contrats à titre
onéreux étaient permis aux conjoints domiciliés en Artois, pourvu
que ces actes fussent sérieux et faits sans fraude, et que les conjoints
pussent justifier de l'emploi du prix de la vente.

(4) Néanmoins, si les conjoints domiciliés en Artois possédaient des
biens situés dans des coutumes qui permettaient les avantages entre
époux, ils pouvaient en disposer par testament l'un au profit de l'autre
(v. Roussel du Bouret, C. génér. d'Artois, 2 tomes in-12, Paris, 1771).
Note de Bauduin sur l'art. [89, dans Maillart — op. cit, — lequel rapporte que le 25 janvier 1701 le parlement de Tournai valida la donation
de la propriété de tous les héritages situés en la coutume de Valenciennes, faite au survivant des deux conjoints domiciliés en Artois,
dans leur testament mutuel.

immeubles de son mari et par sa part de communauté
dans les meubles et les acquêts (1).

Mais l'état de fait était loin de correspondre avec
les dispositions de la coutume. La règle nouvelle,
d'importance romaine, qui heurtait les vieilles traditions, devait fatalement rencontrer des obstacles à son
application.

Les commentateurs de la coutume d'Artois nous
apprennent en effet que les époux trouvaient dans
leurs conventions matrimoniales, où ils jouissaient
d'une liberté absolue, un moyen bien simple de ren-
verser le rigoureux article 89. Hebert remarque que
l'usage courant était d'insérer dans les contrats de
mariage une clause attribuant au survivant l'usufruit
de la totalité des acquêts. Cette convention de mariage
produisait un effet à peu près semblable à celui de
l'entravestissement (2).

Au surplus, la coutume générale d'Artois avait-
elle admis un tempérament à la rigueur de l'article
89. Cette remarquable exception était consacrée dans
l'article 120 ainsi conçu : « Le mari peut conditionner
en faisant un acquêt, que ce sera pour lui et sa femme
le dernier vivant tout tenant, et n'est pas réputé avoir
avantagé sa femme. » Cette stipulation dite « du
dernier vivant tout tenant » était très fréquente dans
les contrats d'acquisition. On pourrait y voir une

(1) Il existait même des coutumes locales (celle d'Aire-sur-la-Lys,
p. ex., art. 3) qui attribuaient au mari survivant un droit de douaire
sur les héritages de sa femme.

(2) Hébert, Remarques faites au Conseil d'Artois sur plusieurs articles de la coutume et sur des questions pratiques sur l'art. 89.

donation mutuelle et réciproque limitée à tel ou tel bien de la communauté. Mais il est à remarquer que les exigences et les restrictions qui avaient modifié le caractère libéral du don mutuel n'avaient eu aucune prise sur ce vieil usage d'Artois (1).

Le lien étroit qui rattachait cet usage aux coutumes locales d'entravestissement pouvait à lui seul expliquer cette particularité : « En faisant cette » stipulation, dit Hébert (2), par un contrat d'achat, » nous n'avons pas égard à l'inégalité et dispro- » portion d'âge ou de biens qui se trouve entre les » acquéreurs, laquelle n'est pas considérée pour faire » valoir et annuler semblables acquisitions en faveur » du survivant comme le sont les coutumes d'entra- » vestissement, quoiqu'elle le soit dans les pays où il » est permis aux conjoints de se donner réciproque- » ment et qui autorisent ces sortes de donations pour » l'incertitude de celui qui doit survivre ou profiter, » laquelle circonstance n'est pas aussi considérée en » notre coutume. » (3).

(1) Maillart, sur l'art. 120, estime que cet article consacre un usage reçu dans les établissements de Saint-Louis, de 1270, 1er livre, ch. 136, lequel s'exprimait ainsi : « Se un home ou une feme achetoient terre ensemble, cil qui plus vit si tient sa vie li achats et quand ils seront mors ambedui, si retourneront li achat l'une moitié au lignage devers l'home et l'autre moitié au lignage devers la feme. »

(2) Op. cit., p. 175.

(3) Les rapports que nous établissons entre cette stipulation du dernier vivant tout tenant et l'entravestissement apparaîtront plus nets encore lorsque nous étudierons le groupe des coutumes de la Flandre maritime où l'entravestissement avait pénétré en subissant toutefois de notables restrictions. La coutume d'Hondschoote, par exemple, dans la rubrique 14, article unique, contenait une disposition qui présentait

Toutefois la stipulation permise par l'article 120
ne l'était qu'à la condition que les deux époux fussent
en santé au moment de l'achat. L'égalité de santé
était d'ailleurs de toutes les conditions d'égalité
exigées pour la validité du don mutuel, la seule que
certaines coutumes d'entravestissement exigaient
« parce qu'il n'y aurait plus eu cette compensation,
» cette incertitude d'événement ni cet échange réci-
» proque qui font l'âme du don mutuel et de l'entra-
» vestissement par lettres (1). »

Quant aux effets de cette clause, elle produisait
tous ceux que les époux voulaient lui faire produire.
On pouvait stipuler que le survivant des deux époux
aurait la propriété du bien acheté, ou n'en aurait que
l'usufruit.

Si la clause du dernier vivant tout tenant pouvait
être stipulée par le mari seul, en sa qualité d'administrateur de la communauté, elle ne pouvait être
révoquée que du consentement mutuel des deux
époux. La femme avait un droit acquis, comme dans
l'entravestissement par lettres, qu'il n'appartenait
plus au mari de lui enlever. Si le mari venait à
vendre le bien, la femme désarmée pendant le mariage
avait droit, à la dissolution, à une récompense contre
la communauté.

avec l'art. 120 de la coutume générale d'Artois une frappante analogie.
Après avoir rappelé que les époux ne pouvaient s'avantager, l'article
continue : « Si ce n'est par le prix d'une acquisition pour lors le mary
et feme ont la faculté de transporter au survivant par ravestissement
égal ou don mutuel, l'usufruit du bien qu'ils ont acquis ensemble. »

(1) Maillart, op. cit, notes sur l'art. 120, p. 766.

La stipulation du dernier vivant tout tenant portait
une grave atteinte à la règle fondamentale du régime
de la communauté, c'est-à-dire au partage des biens
communs entre l'époux survivant et les héritiers du
prédécédé. Que cette stipulation fût permise aux
conjoints qui n'avaient pu ou voulu régler leurs
conventions matrimoniales, cela se comprenait, mais
lorsque les époux avaient pris soin de faire un contrat,
la coutume leur défendait d'y déroger par des conventions nouvelles afin de respecter le principe de l'incommutabilité. C'est ainsi que le partage par moitié
des conquêts écrits dans un contrat de mariage ne
pouvait recevoir aucune altération par la clause du
dernier vivant tout tenant (1). Maillart rapporte
plusieurs arrêts du Parlement qui avaient fixé la jurisprudence en ce sens (2). Nous verrons que le principe de l'incommutabilité s'imposa également à l'entravestissement par lettres.

La différence caractéristique qui séparait l'entravestissement par lettres de la clause du dernier vivant
tout tenant, était que la clause sortait son effet, malgré
l'existence d'enfants.

Malgré leur grande analogie, ces deux institutions
ne peuvent donc être confondues bien que leur filiation historique soit très admissible.

(1) Maillard, op. cit., p. 767.
(2) Arrêt du 27 mars 1706, infirmant la sentence du Conseil provincial d'Artois, en date du 23 décembre 1704. — Arrêt du 1er septembre 1703, arrêt du 13 mai 1707.

§ 2. — L'ENTRAVESTISSEMENT DANS LES COUTUMES LOCALES
DÉROGEANT A LA COUTUME GÉNÉRALE D'ARTOIS

La règle romaine de la prohibition des libéralités entre époux qui fut consacrée par la coutume générale d'Artois comme elle le fut dans toutes les autres coutumes du royaume, ne supprima pas l'antique usage de l'entravestissement.

« Dans la plupart des coutumes échevinales, dit » Hébert, comme celles d'Arras, Béthune, Bapaume, » Lens, etc., il y a une espèce de don mutuel qui est » l'entravestissement par lettres, pour les biens situés » es dits eschevinages et meubles appartenant à ceux » qui font pareil entravestissement dans lesquelles on » n'a jamais aussi (Hébert vient de parler de la stipu- » lation de dernier vivant tout tenant) considéré » l'inégalité d'âge et de biens et pourvu que les con- » joints qui font ces entravestissements comparaissent » par devant les juges d'échevins, sans que l'un d'eux » soit atteint d'une maladie mortelle et dangereuse, » l'acte est bon et valable, parce que l'entravestisse- » ment par lettres a lieu à défaut d'entravestissement » de sang, et comme dans ce dernier cas, y ayant eu » enfant du mariage, le survivant aurait la totalité des » meubles et biens d'eschevinage, en propriété sans » avoir égard à la proportion d'âge et de biens, » l'entravestissement par lettres doit avoir le même » effet » (1).

(1) Hébert, op. cit. p. 175.

A. — De l'entravestissement de sang,

En dehors des conditions générales admises dans les coutumes d'Artois, comme dans celles de la Flandre et du Hainaut, l'entravestissement de sang se trouvait être soumis, dans nos coutumes, à d'autres exigences. L'art. 8 de la coutume de la loy, échevinage et banlieue d'Arras (1) disait que l'entravestissement de sang avait lieu entre conjoints communs en biens, domiciliés au temps de la célébration du mariage, dans la loy, banlieue ou échevinage d'Arras.

L'art. 1er de la coutume de Béthune (2) exigeait aussi que les époux fussent domiciliés dans la ville, et que de plus, les enfants fussent nés, « es mètes de l'échevinage. Aux termes de la coutume de Wancourt et Guemapps (3), l'entravestissement de sang avait lieu entre conjoints domiciliés, et possédant chacun des biens d'échevinage, et des biens de main ferme. C'était aussi la règle des coutumes de Bapaume et de Peule (4).

La question de savoir si la validité de l'entravestissement de sang était subordonnée au prédécès des enfants, lors de la dissolution du mariage, ne se posait pas dans nos coutumes, comme elle se posait dans les coutumes de Flandre. Toutes les coutumes locales

(1) Bourdot de Richebourg. p. 277, I.
(2) B. de R., p. 315, I.
(3) B. de R., I., p. 402.
(4) B. de R., I, p. 415 et 329.
Nous reconnaissons ici une influence du voisinage de la coutume de Cambrai. Tant il est vrai que les institutions juridiques ne s'arrêtent pas aux frontières arbitraires d'un pays.

d'Artois accordent au conjoint survivant dès qu'il y
a eu enfant du mariage, la faveur de l'entravestissement de sang. Sans doute, l'existence des enfants au
moment du décès de l'un des époux, modifiait les
droits du survivant ; mais, l'entravestissement de
sang existait dans tous les cas.

Les effets de l'entravestissement de sang (1) étaient,
en général, ce que nous a fait connaître l'étude des
coutumes de Flandre. Aussitôt après le décès de son
conjoint, le survivant entravesti, devenait à titre
d'héritier ab intestat, propriétaire de tous les biens
qui se trouvaient compris dans l'entravestissement, à
la charge de payer les dettes et funérailles du prémourant. En sa qualité d'héritier, le conjoint entravesti se trouvait saisi, de plein droit, de tous les
biens ravestis (2).

L'importance des biens que par l'effet de l'entra-
vertissement, le conjoint survivant était appelé à
recueillir variait suivant les coutumes. Ici encore les
coutumes d'Artois différaient des coutumes de Frandre.
Exclusivement limité à l'échevinage, l'entravestissement de sang ne pouvait produire aucun effet au dehors
de ces limites. De même que ce droit n'était accordé
qu'aux époux domiciliés et demeurant « es mêtes de
l'échevinage » pour employer les termes des coutumes,
de même il était nécessaire, pour qu'un bien pût être
compris dans l'entravestissement, qu'il fût soumis à la

(1) Ces effets étaient les mêmes dans l'entravestissement de lettres.
A cet égard il y avait entre les deux institutions une union aussi étroite
que possible.
(2) Art. 21, cout. d'Arras.

juridiction territoriale de la coutume. La situation
des biens, qui ne présentait, dans les coutumes de
Flandre, qu'un intérêt très secondaire (1), en présentait
au contraire un très grand dans les coutumes d'Artois.
Cette question ne se posait d'ailleurs que pour les
immeubles. L'art. 10 de la coutume de l'échevinage
d'Arras, disait « qu'au survivant de deux conjoints,
» en cas d'entravestissement, appartiendrait tous les
» meubles réels où ils fussent situés — toutes les
» rentes héritières et réputés meubles et les héritages
» sujets au dit échevinage... »

C'était la règle de la plupart des coutumes du pays
d'Artois (2). C'était par application de cette idée que
l'art. 11 de la Coutume d'Arras avait exclu de l'entravestissement, les charges, offices cateux et maré-
chaussées situés hors de la ville et de la banlieue,
car les biens de cette nature suivaient en principe

(1) Seule la coutume de Douai restreignait l'entravestissement aux
biens d'échevinage. C'était une influence du voisinage N'oublions pas
que les coutumes de Lille, de Mons, de Valenciennes ne permettaient
pas le ravestissement des héritages.

(2) La Coutume de Béthune, par exemple (art. 2 et 4), s'exprimait
en termes très clairs : « Par le trépas du 1er mourant, au cas qu'il ter-
mine au dit échevinage, tous les biens meubles, dettes, cateux et héritages qu'il délaisse au jour de son décès, à lui appartenans, situés et
assis es mètes de la ville et banlieue fortissans nature d'échevinage
soient de son patrimoine, ou acquêts de quelque côté qu'il possèdent,
et appartiennent au survivant » et l'article 4 ajoutait : si au trépas du
1er mourant, il ny a nuls enfants vivans et qu'auparavant ils fussent
allés de vie à trépas, en ce cas, le survivant *succède* pareillement en
tous biens meubles, dettes, cateux, rentes et héritages fortissans nature
d'échevinage pour en jouir par luy et ses hoirs, tenant sa côte et ligne,
comme sa propre chose de quelque côté que les dits héritages soient
venus au dit 1er mourant aux héritiers duquel il n'en retourne rien.

les lois de leur situation et non celles du domicile de leur propriétaire.

La situation du conjoint survivant, entravesti, était, dans les limites qui viennent d'être établies, beaucoup plus avantageuse, dans les coutumes d'Artois, que dans celles de la Flandre : Le conjoint survivant se trouvait, en effet, dans la presque totalité de ces coutumes, investi d'un véritable droit de propriété sur tous les biens qu'il recueillait, soit meubles, soit immeubles. Il existait même des coutumes, celle de Béthune, par exemple, où tous les biens compris dans l'entravestissement étaient dévolus, à la mort du conjoint survivant, à ses propres héritiers, à l'exclusion des héritiers du conjoint prédécédé.

Toutefois l'existence, au décès, d'enfants du mariage, avait pour effet de modifier, dans une assez large mesure, les droits du survivant. De propriétaire qu'il était, celui-ci devenait simple usufruitier des héritages dont la nue-propriété était réservée aux enfants. Mais, à la mort de ceux-ci, le conjoint recouvrait la pleine propriété (1).

Usufruitier des biens entravestis, le conjoint ne pouvait les vendre, ni les hypothéquer, ni en disposer à titre gratuit. La coutume d'Arras disait de lui qu'il était propriétaire bridé des héritages. A ce titre, il

(1) Seule la coutume de Lalleu (art. 7) disposait que si les enfants mouraient avant le survivant, les droits, héritages, fortissaient côte et et ligne comme s'il n'y avait pas eu d'entravestissement de sang. Toutes les coutumes réduisaient à l'usufruit, le survivant, en cas d'existence d'enfants ; v. art. 12, c. d'Arras; art. 2, c. de Bapaume, art. 4, c. de Béthune; art. 11, c. de Guemappes ; art. 2, c. de Hervain.

n'était tenu d'aucune des charges auxquelles il aurait
été soumis comme usufruitier ; mais ses pouvoirs
d'administration et de jouissance n'étaient pas plus
étendus, dans un cas comme dans l'autre. Cette disposition, par laquelle le conjoint survivant cessait d'être
propriétaire, en présence d'enfants du mariage, n'était
d'ailleurs que l'application pure et simple des principes de la « Dévolution » qui s'étaient conservés
intacts dans les coutumes d'Artois (1).

B. — *L'entravestissement de lettres*

L'entravestissement par lettres devait, dans les
coutumes d'Artois, comme dans toutes les autres,
pour être valable, être passé devant échevins. L'exigence des coutumes était, à cet égard, plus ou moins
rigoureuse. Alors que la coutume d'Arras demandait
aux époux de comparaître devant deux échevins,
celle de Béthune décidait que les entravestissements
devaient être reçus par sept échevins, en la chambre
de leur halle.

En dehors de cette formalité, il s'était introduit,
en Artois, un usage tout particulier, qui ne se
retrouvait dans aucune autre coutume de la Flandre,
sauf à Tournai. Au terme de l'art. 1er de la coutume de la Loy, échevinage et banlieue d'Arras, les
deux conjoints qui voulaient s'entravestir, compa-

(1) On rencontrait aussi dans certaines coutumes une survivance des
règles matrimoniales germaniques, étudiées par Brunner. Dans celle
d'Arras (art. 2), c'était la naissance des enfants et non le mariage qui
constituait la communauté universelle.

raissaient devant deux échevins, et là « reconnaissant
» l'amour de mariage qu'ils ont l'un pour l'autre et
» en iceluy demonstrant, la femme va baiser son
» mary, en la présence des dits échevins... » (1).

Cette céromonie du baiser était assez curieuse.
Desmazures (2) l'apprécie en ces termes : « Pour mon-
» trer publiquement qu'ils font l'entravestissement
» par lettres de leurs franches et libres volontés et
» sans aucune contrainte il est requis par coutumes
» d'aucuns lieux s'y comme celle de la ville d'Arras,
» qu'après le dit entravestissement, fait et passé, les
» conjoints s'entrebaisent publiquement en présence
» de deux échevins récipuans l'acte, requérant spé-
» cialement la dite forme de démonstration de réci-
» proque amitié et qu'en eux ne manque d'entra-
» vester l'un l'autre par celui de sang qui se fait par
» la génération et la production de sang, se faisant
» le dit baiser par la femme à son mary, veuillant
» la dite coutume commencer l'acte de démonstra-
» tion de l'affection conjugale, au sexe le plus ver-
» cougnieux et fragile, afin qu'il conste s'y revoye-
» ment et gagement et sans contrainte elles font le
» dit entravestissement et non point par la sollicita-
» tion ou importunité de son mary. »

Nous ne croyons pas que cette cérémonie soit une
survivance d'un usage qui aurait été suivi autrefois

(1) V. Cout. d'Arras, art. 9 ; de la cité d'Arras, art. 7 ; du pays de
Lalleu, art. 22 ; de Bapaume, art. 20.

(2) Remarques sur les coutumes d'Artois, 7 vol. in-f°, du XVIII° siècle,
t. III, p 1492.

dans toutes les coutumes d'entravestissement et qui aurait peu à peu disparu.

Si les coutumes de Toürnai et d'Arras s'étaient montrées plus défiantes que les autres vis-à-vis des maris, et avaient cru devoir protéger plus efficacement la liberté des femmes, cela tient, selon nous, aux graves conséquences que produisait l'entravestissément. Alors que la plupart des coutumes donnaient aux époux le droit de disposer dans l'entravestissement des meubles ou réputés meubles dépendant de la communauté, pour en attribuer la totalité au survivant d'eux, les coutumes d'Artois et de Tournai permettaient aux époux de disposer même de leurs patrimoines propres sans aucune réserve (1).

Les effets de l'entravestissement par lettres étaient les mêmes que ceux de l'entravestissement de sang (2).

(1) Cet effet remarquable de l'entravestissement n'était d'ailleurs que la conséquence de la communauté universelle, qui était dans ces coutumes, le régime matrimonial de droit commun.

(2) Dans certaines coutumes, l'entravestissement de sang et l'entravestissement de lettres n'entraînaient pas les mêmes effets. — Ainsi, dans le pays de l'Allœu, terre allodiale de l'abbaye de St-Vaast d'Arras, si l'entravestissement était par le sang, l'époux survivant avait la pleine propriété des meubles et l'usufruit de tous les immeubles d'acquisition. Il ne conservait l'usufruit des héritages que pendant la vie des enfants, et l'usufruit des héritages de son conjoint que lorsque les enfants nés du mariage avaient survécu au premier mourant. car s'ils mouraient avant lui, il en était dépouillé immédiatement au profit des parents lignagers. Si, au contraire, l'entravestissement était par lettres, le survivant avait l'usufruit des héritages de son conjoint, sa vie durant, et la pleine propriété des meubles.

— De même, à Carvin et Épinoy, l'entravestissement de lettres donnait au survivant la pleine propriété des meubles, et acquêts immobiliers et l'usufruit des héritages patrimoniaux de son conjoint L'entra-

Alors que, dans les coutumes de Lille, Armentières, La Bassée, Valenciennes, il était permis aux conjoints de modifier à leur gré l'entravestissement de lettres, et d'y apposer telles conditions qui leur convenaient ; en Artois, au contraire, les époux se trouvaient liés par la disposition même de la coutume, sans pouvoir y apporter la moindre modification. Tel était l'entravestissement de sang, tel devait être l'entravestissement de lettres. Aussi voyons-nous Desmazures (1) dire que l'entravestissement de lettres devait être général de tous biens, et ne pouvait être restreint à une partie seulement de ces biens.

L'étude de l'entravestissement dans les coutumes d'Artois montre à combien de règles étroites et rigou‑ reuses notre institution y était soumise. La raison en est simple. En Flandre l'entravestissement s'était géné‑ ralisé à toutes les coutumes ; en Artois, au contraire, il n'existait que dans un très petit nombre d'échevi‑ nages locaux. La coutume d'Artois, dont l'esprit était hostile à notre institution ne l'avait toujours admise qu'à titre exceptionnel.

Dans de telles conditions on s'explique que l'entra‑ vestissement n'ait pu se développer librement, comme il l'avait fait dans les coutumes de Flandre.

vestissement de sang lui attribuait les mêmes droits sur les meubles. Quant aux immeubles, il en était simple usufruitier pendant la vie de ses enfants.

(1) *Hoc loco*, p. 1485. Nous retrouvons ici encore les principes qui dominaient la coutume de Cambrai, ce qui s'explique par l'influence du voisinage.

SECTION III. — **L'entravestissement dans les coutumes de la Flandre flamingante et maritime.**

Après l'exposé des coutumes de la Flandre, du Hainaut et de l'Artois, nous arrivons au dernier groupe de coutumes où s'était également maintenu l'entravestissement. Mais nous aurons vite fait de voir combien notre institution s'était déformée, dans ces pays si défavorables aux libéralités entre époux, soit que l'entravestissement n'ait jamais eu la portée qu'il avait dans les coutumes de Flandre et d'Artois, soit plutôt que la doctrine du don mutuel ait prévalu sur les traditions germaniques.

Les coutumes de la Flandre maritime présentent des caractères tout à fait curieux. L'entravestissement de sang y paraît complètement inconnu, il n'en est fait mention nulle part, et tout fait croire qu'il n'y a jamais existé (1). L'entravestissement de lettres qui a dû tout d'abord être soumis aux règles que nous connaissons, avait fini par être absorbé par le don mutuel avec lequel il s'était confondu.

La coutume de Gand (3ᵉ partie, rubrique XX, art. 21 (2) dispose d'abord que le mari et la femme ne peuvent s'avantager pendant le mariage, fut-ce même par

---

(1) D'après la coutume de la ville de Bruges (tit. 6, art. 1ᵉʳ), si l'un des époux est décédé, avec enfants, le survivant n'hérite qu'à la mort du dernier enfant, et la moitié des biens seulement. C'était un principe consacré par toutes les autres coutumes. Gand, rub. 26, art. 14. Audenarde, rub. 23, art. 24. Courtray, rub. 15, art. 29. Bourbourg, rub. 10, art. 5. Nulle part il n'est question d'entravestissement de sang entre les époux.

(2) Nous renvoyons ici à l'ouvrage de Legrand, coutumes de Flandre, 3 vol. in-fᵒ.

contrat dont l'effet sortirait seulement après la mort (la coutume veut certainement viser ici le ravestissement) ni plus amplement qu'il leur sera permis par cette coutume.

Et veut-on savoir l'importance de l'avantage qui est permis aux époux ?

L'art. 22 nous répond : le survivant ne peut être donataire du prédécédé que d'un joyau modéré ou cateux selon l'état du donateur et du donataire. La donation d'un bien déterminé dont l'étendue est proportionnée à la fortune des parties, tel est le principe qui va servir de base au ravestissement.

La coutume de Courtray (3ᵉ partie, rubrique XII, art. 8) lève le doute que les termes généraux de la coutume de Gand avait laissé subsister au sujet de ce contrat dont l'effet était subordonné à la mort des époux.

Voici en quels termes s'exprime cette coutume :

« Le mary et la feme ne peuvent durant mariage s'avantager l'un l'autre, non plus par donation que par contrat mutuel ou réciproque par ravestissement, ni aussi par testament ou autrement, que de quelques joyaux ou meuble modique selon l'état et la condition du donateur et du donataire. » La disposition est identique, mais elle est plus explicite.

La coutume de Bruges, tit. 3, art. 7, celle d'Audenarde, 3ᵉ partie, rubrique XVI, art. 20, et celles de Bergues et de Poperinghe contiennent les mêmes dispositions.

La coutume d'Ypres était moins rigoureuse. L'art. 4, rubrique 7, était ainsi conçu : Le mary et la femme

ne peuvent avantager ni se faire aucune donation
mutuelle que seulement par ravestissement judiciaire
passé devant échevins *d'une maison* et héritage leur
appartenant situé dans la sus dite ville et l'échevinage
pour en jouir et en recevoir les profits durant la vie
du survivant, en demeurant en état de viduité et
hors de religion.

C'est ·dans le même esprit qu'était conçue la
coutume d'Hondschoote dont nous avons eu l'occasion
de· parler à propos de l'article 120 de la coutume
d'Artois ou stipulation du dernier vivant tout tenant;
avec laquelle elle avait une analogie des plus curieu-
ses. Défendant également les avantages entre époux
la coutume permettait aux époux de transporter au
survivant par ravestissement égal ou don mutuel
l'usufruit du bien qu'ils avaient acquis ensemble si
les époux déclaraient en même temps « que autrement ils n'auraient pas fait la dite acquisition que
moyennant le même ravestissement ou transport
mutuel. »

Mais à côté de ces coutumes où le ravestissement
était limité à un bien déterminé soit en propriété
soit seulement en usufruit, il y en avait d'autres
qui avaient donné au ravestissement beaucoup plus
d'extension, en le soumettant toutefois aux règles du
don mutuel. Les coutumes de Bailleul de Cassel,
de Furne étaient de celles-là.

La coutume de Bailleul (rubrique V, art. 4) disposait en effet que « les époux ne pouvaient s'avanta-
» ger autrement que par contrat mutuel et récipro-

» que que l'on nomme ravestissement qui comprend
» tous les fruits et les revenus de leurs biens *tant*
» *fiefs* qu'héritages, rotures, maisons, arbres, rentes
» rachetables ou non rachetables et cela lors qu'il
» n'y a point de descendants de lit commun ou
» d'autres précédents habiles à succéder, avec charge
» des dettes. »

L'art V ajoutait que le ravestissement « devait
être fait par les conjoints en santé » ; et reconnu en
justice au moins 30 jours avant le décès du premier
des conjoints et de plus « il fallait une certaine éga-
» lité de biens, de façon que les biens de l'un des
» conjoints ne fussent pas inférieurs au 1/3 des biens
» de l'autre, ou qu'en d'autres termes, le survivant
» puisse profiter d'autant de revenus des biens du
» défunt qu'il en avait lui-même et 1/3 en plus, au
» maximum. »

Enfin aux termes de la coutume de Furne, tit. IV,
art. 11, « les conjoints sans enfants pouvaient *se réves-*
» *tir* l'un l'autre par ravestissement tous deux étant
» *libres* et à peu près de même âge, dix ans non
» compris avec leurs biens respectifs pour autant que
» de chacun, côté il sont égaux et de pareille valeur,
» autrement le dit ravestissement sortirait son effet
» seulement au prorata et à proportion des biens
» réciproques de chacun et non pour plus et l'on
» entend le ravestissement et la ravesture, l'usage
» personnel des biens. »

Il n'y a pas à se tromper ; la confusion entre le don
mutuel et l'entravestissement se trouve accomplie.

QUATRIÈME PARTIE

Période Révolutionnaire

ET

Conclusion

L'entravestissement, cette institution archaïque, souvenir vivant des germains, nos ancêtres, que les races du Nord avaient si jalousement conservée et si énergiquement défendue contre les attaques dont elle fut l'objet, devait, comme toutes les traditions de notre vieux droit national, disparaître dans la tourmente révolutionnaire. Ce ne fut pas sans difficulté que l'œuvre de destruction systématique de l'ancien régime s'accomplit; et il a fallu aux hommes de la révolution recourir à plus d'un décret pour établir l'ordre de choses nouveau.

L'entravestissement par lettres reçut les premiers coups. Un décret du 13 avril 1791 déclara dans son article 24, abolies à compter du jour où avaient été installés les tribunaux de district toutes les lois et coutumes, qui pour la validité même intrinsèque des donations et des testaments les soumettaient à la nécessité d'être passés ou raccordés ou reconnus devant les échevins, hommes de fiefs, ou jurés de catel et dans les pays soumis à ces lois et coutumes, il fut reconnu suffisant, pour la validité de ces actes, qu'ils fussent passés par devant deux notaires, ou un notaire et deux témoins. Sans doute, le décret ne visait pas spécialement l'entravestissement ; mais, celui-ci n'en était pas moins compris dans les termes généraux du décret.

Mais la loi n'ayant pas d'effet rétroactif, qu'allait on décider pour le passé. Un décret du 5 Brumaire de l'an II vint répondre à la question : L'art. 2 était ainsi conçu : « Les avantages stipulés entre les époux encore existants, soit par leur contrat de mariage, soit par des actes postérieurs ou qui se trouveraient établis dans certains lieux par les coutumes, statuts ou usages, auront leur plein et entier effet. Néanmoins s'il y a des enfants de leur mariage, ces avantages au cas qu'il consistent en simple jouissance ne pourront s'élever au delà de la 1/2 du revenu des biens, délaissés par l'époux décédé et s'ils consistent en des dispositions de propriété, soit mobilière, soit immobilière, ils seront restreints à l'usufruit des choses qui en sont l'objet sans qu'ils puissent jamais excéder la 1/2 du revenu de la totalité des biens. » Par ses termes mêmes cette disposition visait à la fois l'entravestissement de lettres et celui de sang. Le premier n'existant qu'à défaut d'enfant sortait son plein effet ; tandis que l'effet du second dépendait de l'existence ou non des enfants au jour du décès ; dans le premier cas seulement, les droits du survivant étaient limités à la 1/2 de la jouissance des biens dont il était entravesti.

Mais toutes ces mesures transitoires dictées par un esprit encore respectueux des traditions parurent bientôt insuffisantes. Le decret du 17 nivôse an II consacra définitivement les principes révolutionnaires.

Cette loi posa violemment en principe que toutes les donations entre vifs faites depuis et compris le 14 juillet 1789 étaient nulles ainsi que les institutions contractuelles et autres dispositions à cause de mort dont l'auteur était encore vivant ou était décédé depuis le 14 juillet 1789. Mais, par un excès de libéralisme qu'on s'étonne de trouver dans cette loi de combat, l'article 13 disait que les avantages singuliers ou réciproques stipulés entre les époux encore existants, soit par leur contrat de mariage, soit par des actes postérieurs ou qui se trouveraient établis dans certains lieux par les coutumes, statuts ou usages, devaient sortir leur plein et entier effet sauf l'application du décret du 5 brumaire an II, en cas d'existence d'enfants, et l'article 14 ajoutait : les avantages légalement stipulés entre époux dont l'un est décédé avant le 14 juillet 1789, seront maintenus au profit du survivant.

Tous les autres avantages échus et recueillis postérieurement ou qui pourraient avoir lieu à l'avenir, soit résultant des dispositions matrimoniales,

soit autrement, devaient avoir également leur effet.
Et on lisait dans le discours préliminaire de la
loi, ces mots : « Les bienfaits entre époux méri-
tent de former une classe à part. Autant la faculté
de s'avantager entre eux a été restreinte par le droit
ancien, autant elle a été étendue par le droit nouveau... »

Si la loi de nivôse se montrait si bienveillante aux
avantages conventionnellement stipulés par les époux,
d'un autre côté, elle supprimait d'un trait de plume,
tout cet ensemble de gains de survie coutumiers dont
l'entravestissement et le douaire étaient les plus importants. Aux termes de l'article 61 de la loi « toutes
lois, coutumes, usages et statuts, relatifs à la transmission des biens par succession, donation, sont également abolies, sauf à procéder au partage des successions échues et y compris le 14 juillet 1789 et de celle
à venir, selon les règles qui seront ci-après établies ».

Cependant les conflits entre l'article 13 et l'article
61 de la loi devaient fatalement se produire. En effet,
nous voyons peu de temps après, la convention nationale saisie de réclamations et de pétitions « tendant
à ce que la loi se prononce formellement sur la
conservation ou l'abolition des avantages conférés
par les statuts.» L'assemblée, par décret du 22 ventôse
an II (1), « considérant qu'il ne peut y avoir qu'une
législation uniforme en France et que l'article 61
abolissant les transmissions statutaires, la question se

(1) 12 mars 1794, Collection gén. des lois, tome IV, p. 1003 et suiv.
art. 49.

trouve résolue par ce seul point, l'assemblée décrète
qu'il n'y a pas à délibérer.» Le public, n'ayant pas été
satisfait de la réponse, renouvela les pétitions. La loi
du 9 fructidor an II (1) leur opposa une nouvelle fin
de non recevoir.

Mais dans l'intérêt de la légalité, une loi du 9
fructidor de l'an III fit disparaître de la loi de nivôse
de l'an II l'effet rétroactif en décidant qu'elle n'aurait
d'effet que du jour de sa promulgation.

Toutefois la question de savoir si les gains de
survie légaux avaient été abolis pour l'avenir par la
loi du 17 nivôse de l'an II ou seulement par l'article
1390 du Code civil, fut, par suite de la confusion des
articles 13 et 61 de la loi de nivôse, portée devant les
tribunaux. La lutte fut chaude entre les Cours d'appel
et la Cour de cassation. L'arrêt de la Chambre civile
de la Cour de cassation du 20 octobre 1807, décida
que la loi de nivôse ayant introduit de nouvelles règles
sur les avantages stipulés entre époux et ayant aboli
les lois, coutumes, usages et statuts relatifs à la transmission des biens soit par succession ou donation, les
époux qui auraient contracté mariage depuis cette loi
ne pouvaient réclamer les avantages qui résultaient
d'anciens usages locaux.

Cet arrêt fut confirmé par l'arrêt du 6 mars 1811,
lequel cassant l'arrêt de la Cour de Nancy, renvoya
l'affaire devant la Cour de Metz. Celle-ci jugea comme
l'avait fait la Cour de Nancy : « attendu, disait-elle, que
par l'art. 61 de la loi de nivôse, les gains de survie

(1) Même collection, t. V. Bulletin des Lois, n° 53.

résultant des coutumes ne sont déférés ni à titre de
succession ni à titre de donations, que le survivant
ne les recueille ni du chef du défunt ni à titre de
libéralité, mais en son propre nom et en conséquence
du droit qu'il lui est acquis par le fait du mariage, en
vertu de la coutume et comme condition de l'associa-
tion conjugale.

Que les coutumes règlent ces droits dans le titre
des gens mariés et non dans le titre des successions
ou donations. — Attendu que si la loi de l'an II avait
aboli ces dispositions, elle les aurait remplacées par
d'autres dispositions, car la dite loi avait favorisé de
beaucoup les mariages et les avantages conventionnels
entre époux.... »

A la suite de cet arrêt de la Cour de Metz, eut lieu un
nouveau recours en cassation, et l'arrêt des chambres
réunies du 8 janvier 1814 annula l'arrêt de la Cour de
Metz et fixa définitivement la jurisprudence.

Par conséquent, c'est par l'article 61 de la loi du
17 nivôse an II que l'entravestissement de sang s'était
trouvé exclu de la législation française. Il ne devait
plus y reparaître.

Quant à l'entravestissement par lettres, la loi de
nivôse l'avait bien conservé en même temps que tous
les autres avantages conventionnels entre époux ;
mais dégagé de toutes les formalités qui l'avaient
entouré dès son origine, séparé de l'entravestissement de sang, il tendit à disparaître et à se fondre
dans le don mutuel en perdant toute originalité.
L'art. 1097 du Code civil n'en laissa rien subsister.

Néanmoins, par suite de la liberté des conventions matrimoniales consacrée par l'article 1387 du Code civil, il a été facile aux conjoints de se réserver, dans leurs contrats de mariage, les avantages qu'ils auraient pu retirer de l'entravestissement : Les décrets des législateurs passent ; les traditions demeurent.

TABLE DES MATIÈRES

LILLE. LE BIGOT FRÈRES, IMPRIMEURS.

BIBLIOTHÈQUE NATIONALE R.F. IMPRIMÉS.

www.ingramcontent.com/pod-product-compliance
Lightning Source LLC
Chambersburg PA
CBHW071943100426

42737CB00046BA/1963